中国法治文化

ZHONGGUO FAZHI WENHUA

中国法学会法制文学研究会 主办
2015年第3辑（总第3辑）

出版发行：群众出版社
地址：北京市方庄芳星园三区15号楼 邮政编码：100078
经销：新华书店
印刷：北京普瑞德印刷厂
版次：2015年3月第1版 印次：2015年3月第1次
印张：4 开本：880毫米×1230毫米 1/16 字数：123千字

书号：ISBN 978-7-5014-5338-2
定价：20.00元

网址：www.qzcbs.com 电子邮箱：qzcbs@sohu.com

营销中心电话：010-83903254
读者服务部电话（门市）：010-83903257
警官读者俱乐部电话（网购、邮购）：010-83903253
文艺分社电话：010-83904936、83903973

投稿联系方式
电话：010-66716035 18610358795
传真：010-66716025
投稿邮箱：zgfzwhwvip@126.com
通信地址：北京市丰台区东大街60号房基大厦7楼·中国法学会法制文学研究会办公区
邮政编码：100071

图书在版编目（CIP）数据
中国法治文化.2015年.第3辑/中国法学会法制文学研究会编.--北京：群众出版社，2015.3
ISBN 978-7-5014-5338-2
Ⅰ.①中… Ⅱ.①中… Ⅲ.①法治-中国-文集
Ⅳ.①D920.4-53
中国版本图书馆CIP数据核字(2015)第062786号

中国法治文化

ZHONGGUO FAZHI WENHUA

视 点

学 术

理论前沿

专题访谈

建言献策

论 坛

法治文化与道德

法治文化与廉政

法治文化与创作

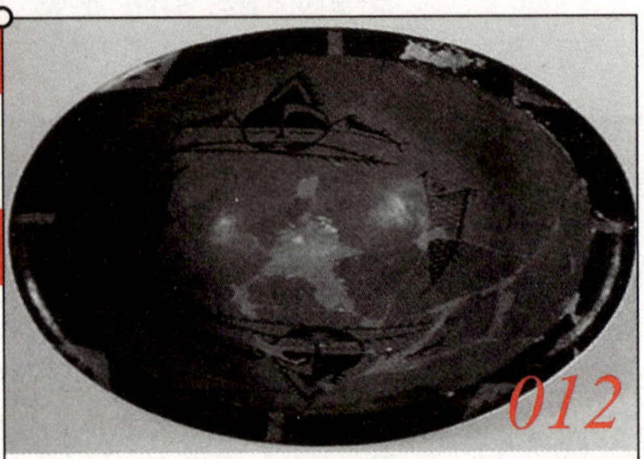

012

058

法治文化与实践

报 告

经验之窗

作 品

法治文学

Contents
目录

封 面
中国法学会副会长，中国人民大学常务副校长、教授、博士生导师王利明

领导干部应该成为法治的表率

文 / 丁文

2015 年 2 月 2 日，在中央党校举办的省部级领导干部依法治国研讨班上，习近平总书记指出：各级领导干部在推进依法治国方面肩负着重要责任，全面依法治国必须抓住领导干部这个“关键少数”。总书记的一席话，真正点到了中国推进依法治国的核心。

自从党的十五大提出依法治国、建设社会主义法治国家以来，我国的法治建设取得了重大成就，各级领导干部在推进依法治国进程中发挥了重要作用。在立法、司法、执法中，都留下了领导干部的艰辛，使我国的法治建设真正驶入了快车道。一大批治国安邦、发展经济、维护人权、对外交往的法律法规制定并颁布，形成了较为完备的法律体系；连续二十多年的全国普法宣传，使法治理念逐渐深入人心；法治政府建设、执法队伍建设和司法公平公正取得了丰硕的成果。这些都离不开各级领导干部的积极作为。

客观地说，我国的法治建设进程与国家经济发展和社会发展对法治建设的迫切需求还有较大差距，法制滞后的现象严重存在。执法机关和司法机关还常常处于行政干预之下，特别是一些个案在个别领导干部的“关照”下，使严格执法和司法公正在法律实施中变味。让公、检、法机关的办案人员最头痛、最害怕的执法问题，不是案件侦破有多艰难，不是证据有多难取，不是适用法律有多深奥，而是领导干部对案件的干预给办案人员带来的巨大精神压力。面对顶头上司和地方衣食父母官，执法人员和司法人员拿自己的政治生命做赌注，挺直腰杆抗拒领导的干预而秉公断案，要付出多大的勇气和代价？有什么保障措施？

正如习总书记所指出的：在现实生活中，一些领导干部法治意识比较淡薄，有的存在有法不依、执法不严，甚至徇私枉法等问题，影响了党和国家的形象和威信，损害了政治、经济、文化、社会、生态文明领域的正常秩序。总书记还特别强调：所有领导干部都要警觉起来、行动起来，坚决纠正和解决法治不彰问题。总书记一针见血的讲话，切中了法治成败的要害，使人民群众发自内心地拥护。总书记对领导干部的警醒与要求，使我们又一次看到法治的力量和光芒。

的确，随着否定人治的法治日益深入人心，法治理念的培育、法治信仰的树立、法治意识的增强，使我国法治建设迎来了最为良好的法制环境。从全国法院受理案件的数据中，我们不难看出国人对法治的要求与欲望有多么强烈：全国法院近年来每年受理案件超过一千万件，比十年前几乎翻了一番！这说明广大人民群众已经逐步“从有事找政府改变为有事找法院”，人们对法治的追求与信任有了巨大的提升。特别是十八届党中央领导集体对法治建设真抓实干的胆略和举措，让广大人民群众对依法治国增添了无穷的信心。这种信心史无前例，并将随着法治反腐的深化和“把权力关进铁笼子”的实际行动得以更加充实和稳固。我国的法治环境真正开启了顺历史潮流、顺民心、合民意、实现党的宗旨、实行党的主张、实行依法治国的最好时期。我们要格外珍惜这一法治盛世的到来！

建设中国特色社会主义法治国家，是中国共产党的主张，是广大人民群众的热盼，是中国富裕强盛延续发展的需要。每一位领导干部，特别是党的高级领导干部，都应该认真学习、深刻领会习总书记在省部级领导干部依法治国研讨班上的重要讲话精神，“做尊法的模范，带头尊崇法治、敬畏法律；做学法的模范，带头了解法律、掌握法律；做守法的模范，带头遵纪守法、捍卫法治；做用法的模范，带头厉行法治、依法办事。”如果我们的领导干部都能够按照习总书记的要求，求真务实，做法治的表率，何愁我国依法治国方略的深入全面落实呢？法

迈向法治：从法律体系到法治体系

文 / 王利明

在社会主义法律体系已经形成的背景下，党的十八届四中全会提出了建设法治体系的目标。从法律体系迈向法治体系，表明在法治建设新的历史时期，我们党更加注重法律的实施和实施的效果，更加注重扎实地推进依法治国战略方略的实施，我国的法治建设也由此进入新的历史阶段。

一、从法律体系到法治体系，必须全面推进法律的实施

从法律体系迈向法治体系，必须全面推进法律的实施。法律的生命力在于实施，法律的权威也在于实施。在社会主义法律体系形成之后，摆在我们面前的任务是如何使“纸上的法律”变为“行动中的法律”，如何最大限度地发挥现有法律的实际效果。法律体系只是强调立法层面问题，并没有强调法律的实施及其实效，只有在法律体系得到有效实施之后，才能形成法治体系。[①]因此，法治体系与法律体系相比，其内涵更为丰富，不仅包含了立法，而且更强调执法、司法、守法、法律监督等动态的过程，包含了“科学立法、严格执法、公正司法、全民守法”等内容。由此可见，“法治体系”与“法律体系”相比，虽然仅一字之差，但彰显了我党治国理政方式的重大转型，为依法治国战略方略提出更新的目标和更高的要求，也表明我国的依法治国蓝图已经进入了新的阶段。法治体系目标的提出，也明确了全面推进依法治国的总抓手。因为全面推进依法治国涉及很多方面，必须有一个总揽全局、牵引各方的总抓手，这就是建设中国特色社会主义法治体系。全面推进依法治国必须围绕这个总抓手来谋划、来推进。

为了实现建设法治体系、建设法治中国的总目标，十八届四中全会提出了具体的实施方案和路线图，强调“五大体系”的建设，即形成完备的法律规范体系、高效的法治实施体系、严密的法治监督体系、有力的法治保障体系以及完善的党内法规体系。为了实现建设法治体系和法治中国的总目标，十八届四中全会提出了“五个坚持”，即坚持中国共产党的领导、坚持人民主体地位、坚持法律面前人人平等、坚持依法治国和以德治国相结合、坚持从中国实际出发。十八届四中全会提出的总目标和“五大体系”、“五个坚持”是我们党依法治国理念在新时期的进一步深化和发展。为落实上述目标，十八届四中全会提出了一百八十多项对依法治国具有重要意义的改革举措，纳入依法治国总台账，这不仅将法律的实施和执行摆在更加突出的位置，而且为全面推进法治中国建设、建立法治体系规定了更加清晰的目标和路线图，为我们党全面推进依法治国战略、走社会主义法治道路指明了前进的方向。

从法律体系到法治体系，必须建立完备的法律规范体系，以良法保善治。法治不是简单的法条之治，而应当是良法之治。古人云:“立善法于天下，则天下治；立善法于一国，则一国治。”因此，厉行法治，良法先行。十八届四中全会提出了形成完备的法律规范体系，法律是治国之重器，良法是善治之前提。良法善治符合法治的精髓。什么是良法？良法不是指法律在道德层面的善良，而是指价值、内容、体系、功能等方面优良，在内容上应当反映最广大人民群众的根本利益和切实需求，符合公平正义要求，维护个人的基本权利，反映社会发展规律的法律。良法应当具有实效性和具体针对性。依法治国，良法先行，为此，需要通过科学立法、民主立法，不断提高立法质量。要发挥立法的引领和推动作用，把每部法律制作成精品，形成法律规范体系。法律并非越多越好，《法国民法典》之父波塔利斯在两个世纪前就曾告诫后世的立法者：“不可制定无用的法律，它们会损害那些真正有用的法律。”[②]我国古人也有言，“法令滋彰，盗贼多有”[③]，这说明立法并非是多多益善的，繁杂而又不实用的法律，不仅会耗费大量的立法资源，也可能使有些法律形同虚设，影响法律的权威和人们对法律的信仰。十八届四中全会所提出的形成完备的法律规范体系，重在立良法，求善治，这使法治体系的形成具备了基础和前提。

从法律体系到法治体系，要建立高效的法治实施体系。法律的生命力在于实施，法律的权威也在于实施。十八届四中全会把“严格执法、公正司法”的法治实施体系作为了依法治国的核心议题。正如习近平总书记所指出的，如果有了法律而不实施、束之高阁，或者实施不力、做表面文章，那制定再多法律也无济于事。因此，全面推进依法治国的重点应该是保证法律严格实施。[④]按照十八届四中全会的精神，建立高效的法律实施体系，需要强化如下工作：一是加强宪法实施。由于各种因素的影响，《宪法》在三十多年来一直未能完全有效发挥作用，这已经无法适应我国法治建设的要求。因此，十八届四中全会决定提出了“坚持依法治国首先要坚持依宪治国，坚持依法执政首先要坚持依宪执政”的响亮口号，提出要健全宪法实施和监督制度。二是加强严格执法。政府是执法主体，对执法领域存在的有法不依、执法不严、违法不究，甚至以权压法、权钱交易、徇私枉法等突出问题，老百姓深恶痛绝，必须下大力气解决。因此，十八届四中全会要求各级政府必须在法治轨道上开展工作，创新执法体制，完善执法程序，推进综合执法，严格执法责任，建立权责统一、权威高效的依法行政体制，加快建设职能科学、权责法定、执法严明、公开公正、廉洁高效、守法诚信的法治政府。总之，要严格执法，做到“法立，有犯而必施；令出，唯行而不返”[⑤]。三是实现公正司法。法律能否真正地发挥功效，很大程度上取决于司法的独立性、权威性和公正性。司法机构是社会纷争的最终解决机构，是维护社会正义的最后一道防线，故而，在法治实施体系中，司法处于重要地位。为此，要进一步推进司法改革，提高司法效率，保障司法公正。

从法律体系到法治体系，要建立严密的法治监督体系。我国已经建成了由权力机关、政党、司法机关、人民群众、社会舆论等所组成的一套完整的法律监督体系，共同对法治实施履行监督职权。但由于种种原因，现行的监督机制还不完善，腐败现象频发，权力还没有被完全关进制度的笼子中。为此，要健全宪法的实施和监督机制，完善全国人大及其常委会的宪法监督制度。要健全行政权力监督制度，为法治政府的建设奠定坚实基础。根据十八届四中全会的要求，要进一步加强对依法履行职权的监督，贯彻落实行政权力清单制度，要建立并完善公众参与、专家咨询和政府决定相结合的决策机制，进一步加强对政府决策合法性的审查，全面推进政务公开，加大对违法、失职行为的追惩力度。此外，还要确保司法机关公正司法，通过法律制度保障法院独立行使裁判权，检察机关独立行使监督权，并加强司法审查和司法监督力度。公正是司法的生命线，而法官依法、独立裁判则是司法公正的重要体现。因此，有必要通过完善检察机关行使监督权的法律制度，以及法院内部的行政管理制度等，减少外部因素对法官依法、独立裁判的不当影响，以保障司法独立和司法公正，不断提高司法的权威性与公信力。

从法律体系到法治体系，要建立有力的法治保障体系。建立有力的法治保障体系是一个系统工程，需要在制度、组织、经费、人员等各个方面携手并进，才能对法治起到切实的保障作用。徒法不足以自行，法律最终还是要靠人来实施。因此，要实现法治中国的伟大目标，就必须要有一支德才兼备的高素质法治队伍，为法治中国建设提供坚实的人才储备和人才保障。十八届四中全会把法治队伍的建设提到了新的高度，提出必须建立一支忠于党、忠于国家、忠于人民、忠于法律的社会主义法治队伍，并要求推进法治专门队伍的正规化、专业化、职业化，这些都为建立一支高素质的法治队伍确立了明确的目标，也回应了长期以来法律界存在的关于法官应当职业化还是平民化的争议。十八届四中全会提出的目标，无疑是符合司法规律和法治建设规律的，正如诸多正面经验所揭示的，随着法治建设的推进，对法治队伍的业务水平、专业化要求越来越高，因此应当建立更为专业化的司法队伍，这在各个法治发达的国家和地区无不如此。

从法律体系到法治体系，要建立完善的党内法规体系。党内法规体系不同于法律规范体系，因为其并不是立法机关制定的规范性文件，且其适用范围也仅针对全体党员，而不是适用于全体公民，违反党内法规的后果与因违法承担法律责任还是有区别的。但十八届四中全会决定提出建立完善的党内法规体系，并将其作为“五大体系”的内容之一，这对于全面推进依法治国具有重要意义。一方面，完善的党内法规体系，是全面从严治党的要求。宪法、法律是保证党依法执政的依据，党内法规则是管党、治党的依据。为此，需要通过建设完备的党内法规体系，有效约束各个党员的行为，使党员干部遵纪守法，在法律的范围内活动，需要党员干部，特别是高级干部率先守法、以身作则、以上率下，有效防止任何党员以权代法、以权压法、以权废法。因此，党内法规体系对于管好党、治好党发挥着根本的规范作用。另一方面，完善的党内法规体系，有利于与法律规范体系的有效衔接。十八届四中全会提出要建立完善的党内法规体系，客观上有助于衔接党内法规与国家法律，形成国家法律法规和党内法规制度相辅相成、相互促进、相互保障的格局。[⑥]此外，完善党内法规体系也有助于弥补法律规定的不足。法律是对公民的基本要求，是基本的行为规则，而党内法规是针对党员所提出的特殊要求。我们党是先锋队，对党员的要求应当更为严格，因此，党内法规应该严于国家法律，这也可以在一定程度上弥补法律规定的不足。

“法令行则国治，法令弛则国乱。”十八届四中全会提出的上述“五大体系”，既是我国法治体系建设的路线图，也是法治建设的具体抓手。通过建设“五大体系”，有利于形成一种可以操作、可以评价、可以具体实施的法治建设具体方案。故而，全面推进依法治国，关键是要从这五个方面着手，切实落实十八届四中全会提出的对依法治国具有重要意义的改革举措，从而推动我国法治建设稳步前进。

二、从法律体系迈向法治体系，必须大力推进两个“三位一体”建设

十八届四中全会决定以依法治国为主题，对全面推进依法治国方略作出了周密部署，围绕建设社会主义法治体系和法治国家的总目标，强调坚持两个“三位一体”建设，即坚持依法治国、依法执政、依法行政共同推进，坚持法治国家、法治政府、法治社会一体建设。依法治国，是治理国家的基本方略；依法执政，是执政党的基本执政方式；依法行政，是政府行政权运行的基本原则。法治国家、法治政府、法治社会的“三位一体”，即意味着三者是一个统一体。所谓统一，首先是领导力量的统一，也就是要将法治国家、法治政府、法治社会建设统一到党的领导下来。其次是目标的统一，也就是将两

个“三位一体”建设统一到全面推进依法治国方略上来，统一到建设社会主义法治体系和法治国家的总目标上来。大力推进两个“三位一体”建设，是实现总目标的具体任务。“坚持依法治国、依法执政、依法行政共同推进”是从治理层面对建设法治体系和法治中国所进行的概括，而“坚持法治国家、法治政府、法治社会一体建设”则更多的是从治理的效果或者状态的层面，对建设法治体系和法治中国这一总目标所进行的概括。最后是步骤和作用的统一。法治国家、法治政府、法治社会“三位一体”建设，意味着三者之间不存在主次关系，应当协调推进，全面落实。既不能把国家和社会对立，也不能把政府和社会对立，而应当从三个不同的维度共同推进。三者之间是相互支持、互相补充的关系。

从法律体系迈向法治体系，必须大力推进两个“三位一体”建设。法治本身就具有系统性，法治建设也是一个系统工程。两个“三位一体”建设从多个维度对法治中国建设进行了目标设计和路径安排，作出了科学合理的整体规划。两个“三位一体”建设，意味着法治建设不能仅从某一层面或者某一角度实施，而应当整体推进，这也是我国改革开放以来法治建设经验的总结。三十多年来，我国的法治建设取得了重大成就，法律体系已经形成，依法行政逐步落实，司法改革稳步推进，人权保障不断进步。但是由于法治建设各个层次的协同不足，缺乏整体性的顶层设计以及系统全面的部署，导致法治建设在一定程度上缺乏有效整合，这也影响了法治建设的整体效果。例如，早在 1993 年，党的十四届三中全会通过的《中共中央关于建立社会主义市场经济体制若干问题的决定》提出：“各级政府都要依法行政，依法办事。”这是党的正式文件中第一次提出“依法行政”，开始推进法治政府建设，但法治社会的概念直到近期才被明确提出，导致实践中法治社会建设明显不足。尽管我国很早就确立了市场经济体制，但相应的法治保障不足，市场仍然无法真正在资源配置中发挥基础性作用。事实上，缺乏法治的市场经济，不是完善的市场经济。此外，法治社会建设与法治政府建设、法治国家建设之间并没有形成良好的互动机制，这也影响了法治政府、法治国家建设的进程。两个“三位一体”建设是国家治理理念的重要转变，是建设中国特色社会主义法治体系和法治国家、全面推进依法治国的根本途径。

推进两个“三位一体”建设，要处理好党的领导和法治建设之间的关系。党和法治的关系是法治建设的核心问题。十八届四中全会提出，党的领导是全面推进依法治国的题中应有之义；党的领导和社会主义法治是一致的，社会主义法治必须坚持党的领导，党的领导必须依靠社会主义法治。为了处理好党的领导和法治建设之间的关系，全会提出“三统一”、“四善于”，并作出了系统部署。在依法治国、依法执政、依法行政“三位一体”建设中，依法执政是关键，依法执政就意味着执政党要将其一切活动纳入法治的轨道，各级党组织和党员干部要按照法定程序、在法定范围内活动，并接受法律的监督。为此，要处理好党和政府之间的关系。中国共产党作为执政党，党的政策、方针必须通过政府来落实和实现，但这并不意味着要实行党政不分、以党代政。因此，如何有效厘清党和政府之间的关系，实现党和政府关系的法治化，也是全面推进法治建设能否成功的关键。

推进两个“三位一体”建设，要处理好政府和社会之间的关系。长期以来，我们在社会治理方面采取的是传统的管理模式，此种模式强调政府对社会的管理，这种管理一般是单向的、强制性的，社会本身成为被管理的对象，缺乏政府和社会之间的良性沟通和互动，社会自治空间不足，国家主义观念盛行，“强政府、弱社会”的现象十分明显，从而不利于发挥社会主体在社会治理中的作用。实践中，环境污染、食品安全等领域问题频发，国家权力应接不暇，社会主体无法有效参与，各种力量缺乏有效协同，治理效果不尽如人意。要从根本上改变这一状况，必须从管理向治理转化，强调政府和社会的互动、合作和协调，培育民间力量参与社会治理，在治理方式上要注重治理主体之间的平等交流和协商对话，从而形成社会共治的良性机制。

处理好政府和社会之间关系的另一个重要层面是处理好政府和市场之间的关系。当前，计划经济时代遗留的陈旧思想观念还没有被完全消除，政府随意过度干预市场、不信任市场调节手段、过度依赖行政手段的情况依然存在。十八届三中全会决定已经指出，要实行统一的市场准入制度，在制定负面清单的基础上，各类市场主体可依法平等进入清单之外的领域。据此，我国在市场主体的准入方面，将以实行负面清单管理制度作为改革的突破口，并以此作为深化改革的重要内容。在负面清单模式下，对市场主体而言，“法不禁止即自由”，而对政府而言，则实行“法无授权不可为”、“法无授权即禁止”。这必将充分释放市场活力，培育经济领域的社会自治，形成自生的良好的市场运行机制。但是，仅在市场经济领域确立负面清单模式是不够的，必须从“将公权力关进制度的笼子”的指导思想出发，明确政府职权法定原则，确立政府权力清单、责任清单，明确政府和市场之间的功能边界，形成政府和社会之间的良性互动。

推进两个“三位一体”建设，要处理好公权和私权之间的关系。法治国家、法治政府、法治社会一体建设，其中的核心就是要稳妥处理好公权与私权之间的关系。例如，实践中出现的“维稳”和“维权”之间的矛盾，反映了一些地方政府和官员缺乏保障公民权利的主动意识，将“维稳”和“维权”对立起来的思维惯性。某些地方简单地采用高压维稳方式，漠视民众依法维权的正当性，未能形成重心下移、力量下沉的法治工作方式和机制。党的十八大强调，要“坚持人民的主体地位”。人民的合法权利的落实，是法治建设的重要目标，不能充分保障人民权利的法治，不是合格的法治。在维稳中，应该正确面对人民的权利诉求，依法正确引导权利的表达和权利的落实。维稳是手段或任务，维权是根本或目标。“家和万事兴”，人民权利得到充分保障，社会自然安定繁荣。因此，有效推进两个“三位一体”建设，强调从整体上推进依法治国方略，应当妥善处理好公权与私权之间的关系。

有效推进两个“三位一体”建设，不仅需要靠政府有效的组织和自上而下的推动，而且需要培育法治的社会基础，形成法治的良好氛围和社会根基。《慎子》有云：“法者，非从天下，非从地出，发乎人间，合乎人心而已。”法治建设必须扎根于社会生活，法治建设必须培育良好的社会基础。这也要求重视自下而上的法治生成机制，尊重社会的自我管理、自我调节、自我完善的规律，将社会的自身秩序予以法治化，形成两个“三位一体”建设的有效互动，全面推进依法治国战略部署的实现。

三、从法律体系到法治体系，必须正确处理改革与法治的关系

法律是推进并保障改革的强力工具。在改革进入“深水区”和攻坚阶段后，我们党面对的改革发展稳定任务之重前所未有、矛盾风险挑战之多前所未有，依法治国在党和国家工作全局中的地位更加突出、作用更加重大。但各项全面深化改革措施的展开必须依法进行，以确保改革事业在法治轨道上推进。十八届四中全会提出，实现立法和改革决策相衔接，做到重大改革于法有据、立法主动适应改革和经济社会发展需要，深刻地阐述了从法律体系到法治体系，必须正确处理改革与法治的关系。

全面推进深化改革必须全面推进依法治国，理由主要在于：一方面，只有立法才能凝聚改革的共识，为深化改革奠定稳定的基础。通过科学立法和民主立法，汇聚全体人民的意志和利益诉求，协调各方面的社会矛盾，从而促进改革的进行，而只有立法才能使改革在宪法的框架内进行顶层设计。我国的改革主要由中央负责顶层路线的设计，然后自上而下地逐级逐步推行，这就更需要改革在宪法所确立的国家秩序的框架范围内进行顶层设计，然后由顶层设计所确立的制度指导改革逐层推进，如此才能收到良好的效果。另一方面，只有立法才能有效保障改革的有序进

行。[7]改革越深入，则遇到的问题越复杂，越需要通过立法引领和有序推进，这就需要将改革纳入法治的框架内，从而使改革得以稳步有序进行，避免出现越改越乱的现象，甚至导致社会不稳定。改革必须于法有据，意味着任何人都不能以改革需要为由，任意突破法律的底线，更不能把违法乱纪的事视为改革。还应当看到，只有立法才能有效维护改革的成果。改革的成果最终只有通过法律确认下来，才能得以巩固，并能够为广大人民群众所接受，并成为可推广、可复制的经验。改革于法有据，改革成果才能受到法律的保护。如果改革突破法律的底线，虽然可能会收到一时之效，但长此以往却会造成秩序的混乱，法治所彰显的社会秩序的稳定性和可预期性就会大打折扣。

全面推进依法治国必须全面推进深化改革。党的十八届三中全会提出，全面深化改革，推进国家治理体系和治理能力的现代化。而法治是现代国家的重要标志，法治能力是最重要的国家治理能力，法治化是国家治理现代化的重要标志，也是国家治理现代化的核心内容。在实现国家治理体系和治理能力现代化这一目标下，全面深化改革的重点之一，就是推进依法治国方略的具体落实。正是在这一背景下，党中央首次将依法治国确立为党的十八届四中全会的主题。也就是说，在全面推进依法治国的战略方略中，只有通过改革，才能破除法治建设的障碍，才能突破社会生产和交易的制度性障碍，才能有效建立与市场经济发展相适应的法律体系，才能保障依法治国战略的有序推进。

正是因为上述原因，三中全会和四中全会的决定形成了“姊妹篇”。在全面推进依法治国进程中，怎样确保改革于法有据呢?

一是立法应当具有前瞻性。在改革开放初期，无任何经验可资借鉴，改革措施基本上都涉及重大突破性的政策变革。在这样的特殊背景下，我国实行了“试错模式”，允许先尝试、再立法，立法机关也奉行“成熟一条，制定一条”的态度。这种立法模式导致我国许多立法存在过于原则、缺乏实效性的弊病。时至今日，改革经验已相当丰富，思路也相当清晰，规律也基本可见。立法不仅要在事后确认改革成果，还应当而且能够充当引领改革的推动力。这就要求立法应有一定的前瞻性，能为改革过程中可能出现的问题提供解决方案，“立法不仅仅是对实践的被动回应，更要对社会现实和改革进程进行主动谋划、前瞻谋划和全面推进。”[8]这样，立法才能为将来可能施行的改革提供法律依据，以保障将来的改革能够于法有据。为此，必须通过科学立法和民主立法，认真做好立法决策和立法规划，在立法过程中对未来的每一项改革都要进行认真研究和策划。当然，立法必须立足于实际，不能过于超前，也不能盲目立法，应当准确把握好立法前瞻性的度。

二是立法应当协调法律的稳定性和改革的变动性。法律求稳，不能朝令夕改，否则，会使人们无所适从，并怀疑法律的权威性。然而，改革求变，改革必然会带来社会的变化，立法不可能对改革的进程全部作出规定。因此，要处理好立法的稳定性与改革的变动性的关系。一方面，立法应当侧重于将已经成熟的规律认识和经验做法确认和固定下来，以保证改革在一个科学的法治轨道上展开。另一方面，对于那些尚无成熟规律和经验可循的问题，立法不能脱离改革进程的实际情况，对于前景不明晰的改革事项，应当保持谦抑态度，不能强行作出刚性规定或作出过多限定，从而为将来的改革预留空间。在此方面，《物权法》提供了成功经验。比如在宅基地使用权的规范中，由于宅基地流转改革未定，该法在这方面规定的条文也就比较抽象，且援引了其他法律，这就能为未来的改革预留空间。此外，在立法后，立法者应当依据不同阶段改革的需要，对法律进行适时修改、与时俱进，从而与改革形成良好的互动关系。也就是说，虽然法律应具有一定的前瞻性，但立法者很难完全预见到未来可能出现的一切法律问题，因此，随着改革进程的推进，一旦法律无法有效调整相关的社会关系，立法者就应当及时对法律进行必要的修改，以适应改革的需要。法律应当具有稳定性，但这并不意味着法律是绝对僵化和保守的，在一定的条件下，立法者应进行适当修改，以不断适应发展变化的社会环境。

三是立法要及时确认改革的成果。随着改革的深化，改革的许多成果都需要通过法律确认下来，防止走回头路。据此，凡是改革中已经证明是成熟的、可行的经验，立法应当及时对这一改革的成果加以确认，及时上升为法律，以此使法律与改革进程保持基本同步，否则就会影响改革的推进。以公司注册资本制度改革为例，根据国务院的有关要求，全国各地曾先后积极推进这项改革，从法定资本制改为认缴制。但《公司法》修改滞后，导致了该项改革在实施过程中阻力重重。尽管《公司法》在2013年12月作出了相应调整，但《公司登记条例》和《公司登记管理办法》却并未及时配套修改，从而在程序上影响了改革举措的具体落实，在实体上也使得改革的效果大打折扣。

四是及时并全面地清理地方性法规和地方政府规章，使其符合法律的基本精神，让社会经济生活真正进入有序的法治轨道。事实上，一个国家的法治之所以具有体系性、稳定性和可预期性，主要是因为国家的所有规范性法律文件都是在统一的立法精神的引导下展开的，否则就会导致立法的部门利益化、通过立法来实施地方保护主义等问题的存在。由于我国目前没有切实开展对地方性法规、部门规章等法律文件的合宪性审查机制，立法部门化、立法地方保护主义等不良现象频频发生，这给我国社会主义市场经济秩序的建设设置了程度不同的障碍。例如，《物权法》要求建立全国统一的不动产登记制度，但在《不动产登记暂行条例》实施前，各地方和各部门仍然在登记方面各自为政，不符合《物权法》的基本要求。又如，在不动产征收制度上，《物权法》要求对被征收人及时给予补偿，但征收的程序、补偿的标准究竟应当如何界定，一直没有具体的规定，从而导致各地政府各行其是，出现了不少违法强拆的事件，引发了极大的社会矛盾。再如，在《公司法》对法定资本制作出修改前，一些地方的工商管理机关已经取消法定资本制，实现了从实缴制到认缴制的改革，结果导致一些当事人质疑究竟应当以《公司法》规定为准，还是应当以红头文件为准。

发展无止境、改革无穷尽。改革要依法有据，就是要依法变法，以立法引领和推动改革，使改革始终在法治的轨道内进行。

四、结语

十八届四中全会的决定为中国未来的法治建设描绘了一幅宏伟的蓝图。这一蓝图不仅立意高远，而且附有明确的路线图，有很强的可操作性。不过，“天下之事，不难于立法，而难于法之必行”。我们能否将这一重要的历史机遇及时转化为法治中国的建设成就，取决于我们能否继续坚持不懈地追求法治梦。科技的发明和创新使人类学会了如何驾驭自然，而法律的创制和践行则使人类学会了如何驾驭自己。法

（本文作者系中国法学会副会长，中国人民大学常务副校长、教授、博士生导师）

注释：

① 张文显：《建设中国特色社会主义法治体系》，载《法制日报》2014年12月31日。

② Portalis, *Discours pr é liminaire sur le projet de Code civil*, in Jean-Etienne-Marie Portalis, Discours et rapports sur le Code civil, Centre de Philosophie politique et juridique, 1989, p.4.

③ 参见老子：《道德经》。

④ 肖扬：《依宪治国是破解中国难题的有效法宝》，载《法制日报》2014年12月4日。

⑤ 参见王勃：《上刘左相书》。

⑥ 李建国：《全面推进依法治国的总目标》，载《人民日报》2014年11月5日。

⑦ 朱磊：《充分发挥立法引领和推动作用》，载《法制日报》2015年1月7日。

⑧ 王乐泉：《论改革与法治的关系》，载《中国法学》2014年第6期。

中国古代的象刑制度与中华法治文化萌发的考证

文 / 黄震云

一、关于象刑的研究

象刑产生的时代还没有文字，因此关于象刑的资料主要是后代稽古的结果，而且对象刑的表述常常是三言两语，显得十分简略，有的甚至语焉不详，因此真伪难辨，长期以来一直存有争议。但是，这却似可看作中华法治文化最初的萌发形态。李衡梅《"象刑"辨——兼与唐兰、程武同志商榷》指出：

"象刑"一语最早见于《尚书》："象以典刑"（《尧典》）、"皋陶方祇厥叙，方施象刑惟明"（《皋陶谟》），一共只有16个字。近几年来，由于考古新发现，引起了人们的重新研究、解释象刑的兴趣。如唐兰《陕西省岐山县董家村新出土西周重要铜器铭辞的译文和注释》中认为，象刑是战国以后人上了儒家的唯心主义的胡说的当，把唐虞时代的象刑当成刑法。文章对此进行了全面反驳，认为象刑确实存在。但是，象刑究竟是什么时代产生的，具体的情形是什么？还是无从说起。①

张海峰《象刑辨疑》②认为象刑是象征性刑罚，还是公布刑罚的图像，难以确定，估计不应该是象征性的，推测是通过公布刑罚的图像威胁普通百姓的一种方式。

王小健《论象刑》③根据马克思主义关于原始社会的学说和考古学及文献资料试图证明，中国处于原始氏族社会晚期的尧舜时代有过以不戕害肉体为特点，以"画衣冠异章服"为形式，"耻辱其形象"为目的的象刑。中国在几千年的阶级社会中，作为象刑遗存的诸多惩罚方式一直存在。象刑绝非古人所杜撰，说象刑出于后人的虚构和编造是缺乏根据的。象刑是效法、模仿肉刑、死刑的一种刑罚。相关的还有吴荣曾《试论先秦刑罚规范中所保留的氏族制残余》④认为我国从原始社会进入阶级社会，有了国家以后，诸如血族复仇、发替、神判、象刑等旧习惯，依然有所保留，不过其性质、作用都和原来不同，已转化为法律的一部分。两篇文章都认为，象刑是习惯法。尤韶华《历经二千五百年争议的中国最早刑制——中国传统司法原则的渊源》⑤对历来象刑的研究进行了归纳分析，也在一定程度上表明了他的看法，引用《荀子》有关资料，认为画像说是乱世妄说。刑罚的宗旨是遏制残暴和罪恶，以儆戒将来。杀人者不死，伤人者不刑，是纵容残暴，而非遏制罪恶。文章还列举汉代班固、宋人林之奇、夏僎的观点，说明象刑是读舜典而误。当代关于象刑的争论并没有出现有说服力的结论，原因很简单，还是在重复分析现有的相关资料。总之，象刑的有无争论没有结果。

二、中国象刑的产生时代和目的方式

陈寿《三国志》裴松之注引《曹瞒传》曰："常出军，行经麦中，令'士卒无败麦，犯者死'。骑士皆下马，付麦以相持，于是太祖马腾入麦中，敕主簿议罪；主簿对以春秋之义，罚不加于尊。太祖曰：'制法而自犯之，何以帅下？然孤为军帅，不可自杀，请自刑。因援剑割发以置地。"[⑥]曹操割发代首的处置方式就是象刑，只是在曹操时代已经没有这一律条，主簿依据春秋之义，罚不加尊。罚不加尊和刑不上大夫不同，"不加"是免除，"不上"是采用改上。曹操要取信于将士和天下，割发代首，自然不会游戏为之，应该有法理法律根据。那么，割发代首的依据是什么呢？《左传》说：

执莒公子务娄，以其通楚使也。将执戎子驹支。范宣子亲数诸朝，曰："来！姜戎氏！昔秦人迫逐乃祖吾离于瓜州，乃祖吾离被苫盖，蒙荆棘，以来归我先君。我先君惠公有不腆之田，与女剖分而食之。今诸侯之事我寡君不如昔者，盖言语漏泄，则职女之由。诘朝之事，尔无与焉！与将执女！"对曰："昔秦人负恃其众，贪于土地，逐我诸戎。惠公蠲其大德，谓我诸戎，是四岳之裔胄也，毋是翦弃。赐我南鄙之田，狐狸所居，豺狼所嗥。我诸戎除翦其荆棘，驱其狐狸豺狼，以为先君不侵不叛之臣，至于今不贰。"[⑦]

上引材料见《左传·襄公十四年》。晋惠公（？—前637年）时代，也就是春秋初期，秦人迫逐姜戎氏吾离于瓜州，姜戎氏战败灭国，首领吾离被苫盖，蒙荆棘。按照常理，被苫盖就是用泥土掩埋，在上面栽种荆棘，按理吾离应该是死了。但事实上没有，吾离投奔晋国去了，晋惠公体恤分田，安顿了吾离。那么，被苫盖、蒙荆棘显然是宣告对方战败的惩戒仪式，只是象征性的，即象刑。复考《汉书》卷八十四说：

莽尽坏义第宅，污池之。发父方进及先祖冢在汝南者，烧其棺柩，夷灭三族，诛及种嗣，至皆同坑，以棘五毒并葬之。而下诏曰："盖闻古者伐不敬，取其鲸鲵，筑武军，封以为大戮，于是乎有京观，以惩淫慝。乃者反虏刘信、翟义悖逆作乱于东，而芒竹群盗赵明、霍鸿造逆西土，遣武将征讨，咸伏其辜。惟信、义等始发自濮阳，结奸无盐，殄灭于圉。赵明依阻槐里环堤，霍鸿负倚盩厔芒竹，咸用破碎，亡有余类。其取反虏逆贼之鲸鲵，聚之通路之旁，濮阳、无盐、圉、槐里、盩厔凡五所，各方六丈，高六尺，筑为武军，封以为大戮，荐树之棘。建表木，高丈六尺。书曰'反虏逆贼鲸鲵'。在所长吏常以秋循行，勿令坏败，以惩淫慝焉。"[⑧]

根据《汉书》的记载，古代伐"不敬"的处置方式是：打败了"反贼"以后，在通路之旁，建立鲸鲵。"鲸鲵"的方式是封，也就是将象征"逆贼"（诸侯）身份的鲸鲵盖上土，上面树以荆棘，建立表木，木上书字"反虏逆贼鲸鲵"，表示震慑。比起《左传》的材料，《汉书》的记载更为详细清晰，而封鲸鲵的方式在西汉时期依然存在，东汉则未闻，所以曹操割发代首时就没有现实的法律依据，但符合传统的刑罚方式。又考《左传·宣公十二年》丙辰说：

古者明王伐不敬，取其鲸鲵而封之，以为大戮，于是乎有京观，以惩淫慝。今罪无所，而民皆尽忠以死君命，又可以为京观乎？祀于河，作先君宫，告成事而还。古是役也，郑石制实入楚师，将以分郑而立公子鱼臣。辛未，郑杀仆叔子服。君子曰："史佚所谓毋怙乱者，谓是类也。《诗》曰：'乱离瘼矣，爰其适归？'归于怙乱者也夫。"[⑨]

根据《左传》的记载，封鲸鲵就是象刑。楚国战胜晋国以后，按照当时的惯例，要收集晋军的尸体堆积起来，上面封上土，叫作京观，以耀武扬威，炫耀子孙。但是，楚重不愿意，认为不能靠杀戮来取信诸侯。并以周武王为例，说明武的目的是体现懿德，古代的君王只是把诸侯的象征物鲸鲵埋封，那就是大戮了。鲸鲵就是鲸和鲵。杜预注："鲸鲵，大鱼名，以喻不义之人吞食小国。"[10]雄曰鲸，雌曰鲵。四库本《帝范》的序云："敌无大而不摧，兵何坚而不碎，剪长鲸而清四海，扫枪廓八纮。"贾行注曰："剪，削也，削尽凶毒，清净四海……海，晦也，取荒远冥昧之称也。鲸，大鱼也。"又汉代李陵《答苏武书》说："妻子无辜，并为鲸鲵。"[11]

由此看来，封鲸鲵的方式自古以来一直存在，到西汉仍在适用。《尔雅·释地》说："九夷、八狄、七戎、六蛮，谓之四海。预览三十六引舍人云晦暝无识，不可教诲，故曰四海……皆言近于海也。"[12]天子富有四海，也就是四方，而诸侯或部落只有自己的一块属地，鲸鲵为鱼之大者，就成为他们的象征。东汉时应劭在其《风俗通》中说："帝者任德设刑，以则像之，言其能行天道。"[13]这应该是象刑的法理。

三、仰韶、马家窑彩陶画象刑及其法理

那么，封鲸鲵是什么样子，又是从什么时候开始的呢？出土文献为我们提供了实证。1954年到1957年，陕西省西安市半坡遗址发掘中发现了7件绘有人面纹的陶器，两件较为完整，最著名的是人面鱼纹盆，高16.5厘米，口径39.5厘米。在陶盆内壁，绘有对称的两个人面和两条鱼纹，因此得名，如下图，现藏于中国国家博物馆。[14]

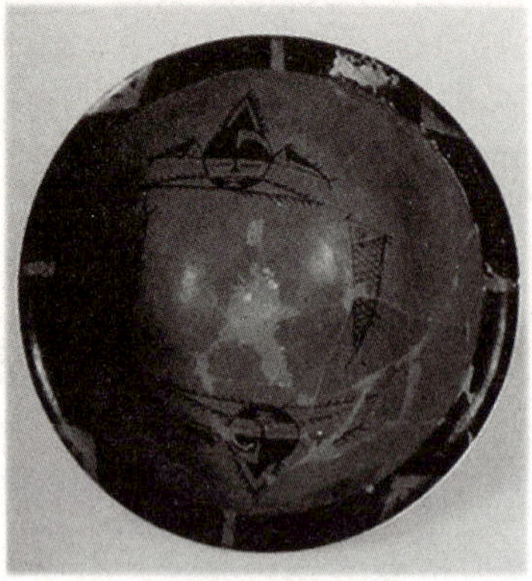

鲸鲵（半坡"人面鱼纹盆"）

鲵（"人面鲵鱼彩陶瓶"，现存甘肃省博物馆）

"人面鱼纹盆"是发现时的命名，一直沿用到现在，内涵定义为捕鱼，那么盆内的线条也就认定为渔网。之后陆续有人提出不同的看法，有装饰艺术、阴阳符号、天象历法、太阳崇拜、部落图腾、权力象征、氏族通婚[15]等30多种说法。为什么会出现那么多的判断？原因是先前的解释大家不服气，不服气的根本理由是命名都出自猜测，没有文献印证，因此这些论述不过相当于竞猜行为。半坡出土的人头鱼图像其实不是孤证。1957年10月，甘肃省天水市马家窑也出土了一个人面鱼身的瓶子，高38.4厘米，口径7厘米，器身黑彩绘鲵鱼纹，头似人面，鱼身细长。鲵鱼纹是马家窑文化石岭下类型彩陶最具特色的纹饰。国家文物局专家考察后认为，这是中国远古神话中人类始祖伏羲的原形。1996年9月，经国家文物局鉴定，认为人面鲵鱼彩陶瓶为国家一级甲等文物，其图案是传说中龙的形象，是原始龙的雏形，是世界公认的原始氏族部落最早的图腾，堪称"中华第一龙"。[16]天水有伏羲庙，传说伏羲出生在天水，因此将瓶子上的花纹对号伏羲，这是一种直接的思维，应该没有什么不妥。但把鱼纹看成是伏羲，没有根据，伏羲为人首蛇身，不是鲵首鱼身（鲸鲵），因此无论是半坡的人首鱼身盆，还是鲵首鱼身瓶，其真实的名称就是鲸鲵，是诸侯的标志或者说权力地位的象征。仰韶时期的鱼纹盆为一鲸一鲵，马家窑则为鲵，也就是说，鲵瓶出土的地点天水曾经是西部文化中心，首领是位女性，与郡国关系和谐。

三国时代曹冏写了一篇叫作《六代论》的文章谈到汉代中央政府和地方诸侯的关系时说：

至于孝景，猥用晁错之计，削黜诸侯，亲者怨恨，疏者震恐，吴、楚倡谋，五国从风。兆发高帝，衅钟文、景，由宽之过制，急之不渐故也。所谓末大必折，尾大难掉。尾同于体，犹或不从，况乎非体之尾，其可掉哉？……悲夫！魏太祖武皇帝躬圣明之资，兼神武之略，耻王纲之废绝，愍汉室之倾覆，龙飞谯、沛，凤翔兖、豫，扫除凶逆，翦灭鲸鲵，迎帝西京，定都颍邑，德动天地，义感人神。汉氏奉天，禅位大魏。[17]

曹冏的文章论述汉朝征服诸侯的事情，他在分析诸侯（鲸鲵）的状态时说："尾同于体，犹或不从"，就是说首尾一体相连本表示服从，但在乱世出现复杂的情形。由此对照马家窑彩绘鲸鲵瓶，正是尾同于体的形态，就是把鱼尾和鱼头相连，烧制这样形状异常的图案，表示诸侯与天子同心同德。这就是马家窑文化鲵瓶的真实含义。而仰韶文化时期的鱼纹盆，鲸鲵的首尾断开，尾巴比较大，即尾大不掉，显然是被封的对象了。核之相关的考古报告，出土时双鱼盆被反扣，那么，考古发现对象刑在细节上又作了一点补充。仰韶文化时期的描绘在盆瓶上的鲸鲵图案，也不仅仅上列两图，甘肃庆阳博物馆也有鲸鲵瓶发现。根据考古分析，仰韶文化和马家窑文化距今皆有五六千年，显然在传说的神农氏时代封鲸鲵的象刑制度就已经存在。

四、上古象刑的流传和评价

根据《汉书》的记载，西汉初年曾经封鲸鲵五处，但是人们常常关注的象刑不是封鲸鲵，而是画衣冠异章服以为戮的治民方式。《全汉文》卷二汉文帝《除肉刑诏》（十三年五月）：

制诏御史：盖闻有虞氏之时，画衣冠异章服以为戮，而民弗犯，何治之至也？今法有肉刑三，而奸不止，其咎安在？非乃朕德之薄而教不明与？吾甚自愧。[18]

汉武帝《诏贤良》（元光元年五月）：

朕闻昔在唐虞，画象而民不犯，日月所烛，莫不率俾。周之成康，刑错不用，德及鸟兽，教通四海；海外肃慎、北发、渠搜、氐羌徕（来）服。[19]

汉武帝《元光五年策贤良制》制曰：

盖闻上古至治，画衣冠、异章服而民不犯；阴阳和，五谷登，六畜蕃，甘露降，风雨时，嘉禾兴，朱草生，山不童，泽不涸；麟凤在郊薮，龟龙游于沼，河洛出图书；父不丧子，兄不哭弟；北发渠搜，南抚交阯，舟车所至，人迹所及，行喙息，咸得其宜。朕甚嘉之。今何道而臻乎此？[20]

我们看到，一方面汉代封鲸鲵，另一方面画衣冠异章服，但是文献中论述古代象刑制度时不及封鲸鲵，似乎封鲸鲵作为象刑刑制被集体遗忘。也或因此，后代出现了法起于兵，法起于礼的争论，更有象刑是否存在的争论。《荀子·正论》说："世俗之为说者曰：'治古无肉刑而有象刑。墨黥、慅婴，共艾毕；菲，对屦；杀，赭衣而不纯。治古如是'。是不然，以为治邪？则人固莫触罪，非独不用肉刑，亦不用象刑矣；以为人或触罪矣，而直轻其刑，然则是杀人者不死，伤人者不刑也。罪至重而刑至轻，庸人不知恶矣，乱莫大焉。"[21]王先谦注说："古之治世也……象刑，异章服，耻辱其形象，故谓之象刑也。"将象刑只解释为形象刑。其实礼乐征伐自天子出，用兵是依礼用兵，都是治国的规范和制度，所以《左传》有礼乐征伐自天子出之言，孔子说：天下有道，礼乐征伐自天子出；天下无道，礼乐征伐自诸侯出。东周王室式微，天子权威到汉代才重建，因此长期以来天子之德（封鲸鲵）不作话题也就不足为怪。很显然，封鲸鲵和画衣冠、异章服是象刑的两个面，前者为治理国家的象刑制度，后者为治理民众的象刑制度，合起来就是古代的象刑制度。司马迁《史记·五帝本纪》说："南抚交阯、北发，西戎、析支、渠搜、氐、羌，北山戎、发、息慎，东长、鸟夷。四海之内，咸戴帝舜之功。"[22]《史记》的记载和汉代文武二帝的诏策有一个大致的倾向，即象刑是虞舜治国的成功经验，应该是虞舜时代的象刑比较系统完备吧？但生成很早。由于虞舜时代没有文字，历时弥远，所以具体情况也不清楚。

根据史料记载，东汉以后

封鲸鲵制度消失，成为文学作品中带有记忆性质的典实，但堆聚京观依然存在。南北朝时南宋孝武帝大明三年（439），竟陵王刘诞在广陵起兵反叛朝廷。孝武帝以始兴王沈庆之为车骑大将军，带兵讨伐刘诞。沈庆之“帅众攻城，身先士卒，亲犯矢石”，数月后终于攻克广陵，刘诞兵败被诛杀。孝武帝在平定刘诞反叛后，下令把广陵城中士民，无大小“悉命杀之”。经沈庆之请求，五尺以下获免，其余男子皆死，而女子则赏给军人为妻妾或为婢女。最后被处死的仍有三千多人，负责行刑的校尉宗越首先把这三千人“刳肠抉眼，或笞面鞭腹，苦酒灌肠，然后斩之”。孝武帝把杀掉的三千人“聚其首于石头南岸为京观”。[23]

又《通鉴》卷一八五又载：

唐高祖武德元年（618），薛举进逼高墌，秦王李世民带领唐兵迎击，适逢李世民患上疟疾，不能指挥作战，便吩咐行军长史刘文静、司马殷开山：“薛举悬军深入，食少兵疾，若来挑战，慎勿应也。”但刘、殷二人不听劝告，私下“恃众而不设备”并和薛举军队战于浅水原，结果唐兵“八总管皆败，士卒死亡什五六”。李世民被迫退回长安，薛举“遂拔高墌，收唐兵死者为京观”。[24]

又《旧唐书》卷一九也载：

唐中和三年（883）三月，“沙陀军与贼将（指唐末农民起义军将领）赵章、尚让战于成店，贼军大败，适奔至良天坡，横死三十里，王重荣筑尸为京观”。[25]

“京观”一词，最早见之于《左传·宣公十二年》：潘党曰：“君盍筑武军而收晋尸，以为京观。”[26]杜预注曰：“积尸封土其上，谓之京观。”[27]

《资治通鉴·晋愍帝建兴元年》有“扫除鲸鲵，奉迎梓宫”句。[28]唐·卢纶《奉陪浑侍中上巳日泛渭河》诗：“舟楫方朝海，鲸鲵自曝腮。”明·李梦阳《鄱阳湖十六韵》诗：“力屈鲸鲵仆，声回雁鹜呼。”太平天国洪仁玕《诛妖檄文》：“雍正、乾隆以下，奸奴和珅揽权，卖官鬻爵，荼毒等于鲸鲵。”康有为《遣人入北寻幼博墓携骸南归》诗：“鲸鲵横波斜日曛，誓起义师救圣君。”亦都提到鲸鲵，但是显然东汉以后京观只是作为一个典故和意象来使用。

至于治民之象刑，汉代应劭《风俗通义》说：“《周礼》：‘三王始作狱。’夏曰夏台，言不害人，若游观之台，桀拘汤是也。殷曰羑里，言不害人，若于闾里，纣拘文王是也。周曰囹圄，囹、令，圄、举也，言令人幽闭思愆，改恶为善，因原之也。今县官录囚，皆言举也。”[29]又《周礼·秋官·司圜》说：“掌收教罢民，凡害人者弗使冠饰而加明刑焉，任之以事而收教之。”[30]郑玄注：“弗使冠饰者，著墨幪，若古之象刑。”按照郑玄的观点，象刑在西周时期已经不传了。

今检《礼记·玉藻》说：“缟冠素纰，既祥之冠也；垂緌五寸，惰游之士也；玄冠缟武，不齿之服也。”[31]缟冠素纰指素缘的缟制之冠，这本为丧服之冠，作为懒惰失业的人的服装，带有羞辱之义。不齿则是被抛弃的对象，说明象刑之风在西周依然成为制度。此外，还有周代的髡刑制度，即以发代首。《周礼·秋官·掌戮》说：“髡者使守积。”[32]髡首是刑罚的一种，其身份必须是王之同族，等级次于宫刑，说明髡刑与孝悌思想有关。战国时代的屈原《涉江》说到楚国的接舆，也曾被髡首。又《晋书·陈寿传》说：“寿父为马谡参军，谡为诸葛亮所诛，寿父亦坐被髡。”[33]《三国志》作者陈寿的父亲因马谡受了牵连，受了髡刑。髡刑是不是象刑的一种不知道，但无疑体现了象刑的法制精神。《周礼·秋官·大司寇》称：“凡害人者，置之圜土而施职事焉，以明刑耻之。”[34]

对于过失犯罪的人适用象刑，将其犯罪刑名写在板上挂在背后，促其悔过。“正月之吉，始和，布刑于邦国都鄙，乃县（悬）刑象之法于象魏，使万民观刑象。”[35]正月朔日布五刑于天下，正岁还通过布宪方式再次昭告，县刑象就是悬挂图画刑罚方式，类似于普法宣传。由此我们看出，周代的象刑制度相当完备，既有整体的昭告宣传，也有具体的区分，譬如说对过失犯罪和王室成员的犯罪就采取象刑的方式。这样看来和上古的象征警示、尧舜羞辱方式的目的意义上明显发生了变化，带有一定的特权意味。班固《白虎通》曾经详细解释象刑是在衣服上体现五刑：犯墨者蒙巾，犯劓者赭着其衣，犯髌者以墨蒙其髌，犯宫者扉，大辟者布衣无领。应该指的是尧舜时代。

根据以上的论述我们看出，象刑制度是我国最早的法治手段，约在六千年前的仰韶文化时期就已经出现了，鲸鲵、京观是常见的方式，主要是为了体现仁慈懿德的治国思想。到了尧舜时代为了加强道德建设，按照当时的公序良俗，加入羞辱的成分。周代最为完备。之后，随着“礼崩乐坏”，逐步衰微，三国以后法律法规中只保存了部分象刑的成分，但并没有完全消失。总之，上古以来德刑一体的行政思维前提下的象刑制度，历史悠久，对于犯人改造、制止犯罪、社会安定起到了积极的作用。法

（本文作者系中国政法大学人文学院教授，主要从事法律与文学交叉研究，著有《立法语言学研究》等）

注释：

①李衡梅：《“象刑”辨——兼与唐兰、程武同志商榷》，载《社会科学战线》1985年第1期。
②张海峰：《象刑辨疑》，载《西南政法大学学报》2010年第3期。
③王小健：《论象刑》，载《吉林大学学报》1998年第1期。
④吴荣曾：《试论先秦刑罚规范中所保留的氏族制残余》，载《中国社会科学》1984年第3期。
⑤尤韶华：《历经二千五百年争议的中国最早刑制——中国传统司法原则的渊源》，载中国法学网2014年2月25日。
⑥（晋）陈寿：《三国志》卷一，中华书局1982年7月版，第54~55页。
⑦（唐）孔颖达疏：《春秋左传正义》卷三十二，上海古籍出版社1997年版，第1955~1956页。
⑧（汉）班固撰，（唐）颜师古注：《汉书》卷八十四，中华书局1962年版，第3439页。
⑨（唐）孔颖达疏：《春秋左传正义》卷二十三，上海古籍出版社1997年版，第1882~1883页。
⑩（唐）孔颖达疏：《春秋左传正义》卷二十三，上海古籍出版社1997年版，第1883页。
⑪（梁）萧统：《文选》，上海古籍出版社1986年版，第1848页。
⑫（晋）郭璞注，（宋）邢昺疏：《尔雅注疏》卷十五，上海古籍出版社1997年版，第2616页。
⑬王利器：《〈风俗通义〉校注》，中华书局1981年版，第10页。
⑭巩启明：《仰韶文化》，文物出版社2002年版，第201页。
⑮陆思贤：《神话考古》，文物出版社1995年版，第121~125页、第165页；陆思贤、李迪：《天文考古通论》，紫禁城出版社2000年版，第70~71页；陈久金：《阴阳五行八卦起源新说》，载《自然科学史研究》1986年第5卷2期。
⑯谢诚：《华夏文明的曙光》，载《人民日报·海外版》2003年3月24日。
⑰（清）严可均：《全上古三代汉魏六朝文》，上海古籍出版社2009年版，第448页。
⑱（清）严可均：《全上古三代汉魏六朝文》，上海古籍出版社2009年版，第133页。
⑲（清）严可均：《全上古三代汉魏六朝文》，上海古籍出版社2009年版，第140页。
⑳（清）严可均：《全上古三代汉魏六朝文》，上海古籍出版社2009年版，第139页。
㉑（清）王先谦：《荀子集解》，中华书局1988年版，第326~328页。
㉒（汉）司马迁：《史记》，中华书局1982年版，第43页。
㉓（宋）司马光著，（元）胡三省音注：《资治通鉴》卷一百二十九，中华书局1956年版，第4048页。
㉔（宋）司马光著，（元）胡三省音注：《资治通鉴》卷一百八十五，中华书局1956年班，第5800~5801页。
㉕（后晋）刘昫等撰：《旧唐书》卷十九下，中华书局1975年版，第714页。
㉖（唐）孔颖达疏：《春秋左传正义》卷二十三，上海古籍出版社1997年版，第1882~1883页。
㉗（唐）孔颖达疏：《春秋左传正义》卷二十三，上海古籍出版社1997年版，第1883页。
㉘（宋）司马光著，（元）胡三省音注：《资治通鉴》卷八十八，中华书局1956年版，第2799页。
㉙王利器：《〈风俗通义〉校注》，中华书局1981年版，第585页。
㉚《周礼》卷三十六，中华书局1998年版，第231页。
㉛（清）陈澔注：《礼记》，上海古籍出版社1987年版，第168页。
㉜《周礼》卷三十六，中华书局1998年版，第232页。
㉝《晋书》卷八十二，上海古籍出版社1998年版，第1494页。
㉞《周礼》卷三十四，中华书局1998年版，第219页。
㉟《周礼》卷三十四，中华书局1998年版，第219页。

没有法治文化 难言依法治国

——专访中国社会科学院法学研究所研究员、教授、博士生导师刘作翔

文 / 卢敬春

如若没有法治文化的支撑，多数民众没有法治意识或法治意识不强，那么，再好的法律也很难在实践中发挥预期作用，也难言依法治国。实践证明，要全面推进依法治国，建设社会主义法治国家，就必须努力培育社会主义法治文化，让人们形成法治的思维方式、行为方式和生活方式。那么，什么是法治文化？如何让法治文化深入人心？形成了法治的思维方式后，又将如何影响人们的行为？就这些问题，《中国法治文化》专访了中国社会科学院法学研究所刘作翔教授。

《中国法治文化》：法治文化与法律文化都是人类文化的重要组成部分，这两个概念的区别是什么？

刘作翔：这也是我一直思考的问题。我的初步结论是：从形式意义上讲，法治文化与法律文化在观念、制度和规则等形式要件上没有实质性的差别。但如果从内容上来看，二者确有实质性的差别。法律文化是中性概念，而法治文化是价值概念。法律文化，可以用来表达人类历史上出现的任何一种法律文化类型，既可以包括正价值的文化类型，也可以包括负价值的文化类型。也就是说，不管这种法律文化类型是好的还是坏的，是进步的还是落后的，是先进的还是野蛮的，都可以用法律文化来表达。

而法治文化就不一样了。法治文化是一种蕴含人类正价值的文化类型，无论从制度到观念，都必须包含和反映人类的基本价值，即反映人类进步的、先进的和优秀的价值理念和制度构造。总的来看，法治文化应该是包含民主、人权、平等、自由、正义、公平等价值在内的人类优秀法律文化类型。

《中国法治文化》：为了让人们更好地理解法治文化，您能否对法治文化进行一次深层次的剖析？

刘作翔：文化学者将文化结构分为隐性文化和显性文化，因此，法治文化也有它的组成

结构。我认为，法治文化是由表层结构和深层结构组成的。这里说的表层结构和深层结构只是一种表述，没有高低之分。

表层结构，是法治文化中的“制度性文化”，即这些文化是看得见、摸得着的，包括法律规范、法律制度、法律组织机构和法律设施。在法律组织机构中，有人大、政府、法院、检察院、律师事务所，还有监狱和军队等，这些都可以看得见。法律设施也是看得见的。之所以把法律设施看成是法治文化的组成结构，是因为法律设施是法律制度不可或缺的一部分。例如，前几年的司法改革，把解决经费问题作为一个主要问题，是因为，如果一个地方连办案的基本条件都没有，就很难把案子办好。值得一提的是，以前我国有的法院甚至让当事人出费用，如路费、住宿费等。此外，很多机构由于经费短缺造成了案件办不下去的问题。在发达地区这个问题可能不严重，但在偏远地区，尤其是西部的一些地区，个别法院有时甚至连电话费都支付不起。如果国家能够解决这个问题，相关人员就能更好地履行职责，树立更好的司法形象。

法治文化的深层结构和意识形态相关，可以分成三大类：法律心理、法律意识和法律思想体系。

总结起来，法治文化的两大结构，就是法律意识形态和与其相适应的法律制度及其法律组织机构。

《中国法治文化》:法治文化两大结构之间的关系如何?

刘作翔:法治文化的两大结构之间存在着互动关系，掌握了这个互动关系，就能更好地让法治文化服务于社会发展。在中国法治化的过程中，我们的法律制度体系和整个社会的法律观念体系需要有一个良性的互动，如果这个互动中断，法律实施的效果、制度实现的程度可能就不好。

先说说法律意识对法律制度的影响。“观念支配行为，思想决定行动”，这是认识论的一般原理。美国著名的法学家劳伦斯·弗里德曼写了一本书叫《法律制度》，其中一个很经典的观点是：“法典的背后有强大的思想运动。”法律制度一旦制定，就会影响到我们每一个人。所以，每一种法律制度的产生，其背后的思想斗争都是十分激烈的，这种现象在中国也有。比如，围绕每一部立法所产生的激烈辩论，都反映了大家对法律制度的不同认识。

在这个“认识论原理”中，还包含着强调法律知识的重要性。近些年，我国已经越来越认识到这个问题的重要性了。在最初“一五”普法时，有一种观点认为，老百姓不需要懂那么多法律知识，只需知道有事找法院、找律师等专业人士为他们解决就行了。但多年的实践证明，缺乏知识的观念是不牢靠的。一种观念如果是建立在个人对知识的掌握和认识的基础上，会比别人灌输给他的要强烈、牢固得多。当然，现在仍不可能要求老百姓懂那么多的法律，但有些基本的法律知识要懂。如果连自己有什么权利都不知道，老百姓怎么去维护自己的权利?如果知道自己有什么权利，却不知道用怎样的方式去维护自己的权利，就有可能走向问题的反面。依法维权就是这个道理。因此，在法治文化建设进程中，用知识提高老百姓的素质非常重要。

《中国法治文化》:刚才您主要谈的是观念对制度和行为的影响，请您再详细解读一下法律制度对观念的作用好吗?

刘作翔：良好的制度和规范，又影响和塑造着人们的思想观念体系。弗里德曼在《法律制度》一书中讲了一个例子：现在自觉纳税已经成为美国人的习惯，但这个习惯并不是一开始就有的。美国人并不是天生就有守法意识，而是经过几百年的培养，由最初的强制性运动到自觉，最终逐渐变成了意识和习惯。

用制度改变传统习俗和观念的例子，在中国也有很多。比如，旧中国有纳妾的习俗，国家通过法律明文废除了这一旧的习俗。中国1950年的《婚姻法》规定，国家实行一夫一妻制，反对纳妾。这样实施的结果，使一夫一妻制成为人们普遍接受的观念。20世纪60年代以前，香港的老百姓对腐败行为见怪不怪，并默认了这种“潜规则”。针对这个问题，香港在立法上对所有腐败行为实行“零容忍”，在执法上坚持严厉打击，用了三十多年的时间，才把相关人员及民众的观念改变过来，让社会对腐败和贿赂的容忍度从当初的见怪不怪到现在的绝对不能接受。

还有一些极端的例子。如中国古代有“同姓不婚”的习俗，因为这个习俗，很多相爱的人都不能结婚。尽管按照现代科学，它已经没有道理了，但这种思想在一些落后的地区还影响着一些人。有一个实际的案例：有一对青年男女同在一个村子里，他们相爱后打算结婚，但家族坚决反对。因为按照辈分，男的应该叫女的姑姑，但事实上他们已经出了“五服”。过了一段时间两人不见了，大家都以为他们私奔了。后来工作队进入这个村子进行农田改造，竟挖出了一具尸体。报案侦破后的结果是：当时家族认为，他们两个如果结婚就是家族的奇耻大辱，于是开了一个家族会议，由时任村党支部书记主持，最终决定，把两个人处死，分别由两家的家长执行，男方母亲把男子用被子捂死，女方家长也把女子杀害。随后，将二人埋在了一个山坡的两面，意为让他们生不能在一起，死也不能在一起。案件侦破后，各方震惊。对以上案件相关人员的依法制裁，一定程度上就是用制度和规范影响人们的思想观念和思想体系。对于现在一些好的习俗、善良的风俗，司法部门要依法吸收，但对于恶俗就要通过法律、司法的方式进行纠正。

《中国法治文化》：党的十八届四中全会提出全面推进依法治国的总目标，依法治国呼唤法治文化的发展与繁荣。您认为，我国该如何建设和发展法治文化？培育法治文化的关键是什么？

刘作翔：党的十八届四中全会审议通过的《中共中央关于全面推进依法治国若干重大问题的决定》指出：“法律的权威源自人民的内心拥护和真诚信仰。人民权益要靠法律保障，法律权威要靠人民维护。必须弘扬社会主义法治精神，建设社会主义法治文化，增强全社会厉行法治的积极性和主动性，形成守法光荣、违法可耻的社会氛围，使全体人民都成为社会主义法治的忠实崇尚者、自觉遵守者、坚定捍卫者。”我认为，这一决定的这一段话是对法治文化建设的最好诠释。建设和发展法治文化，除了继续加强对包括公职人员在内的全体公民进行法治教育外，最关键的还是要通过法治实践，如科学立法、严格执法、公正司法等法治实践行为，来树立法律的权威和公信力，提高全体公民对法律的信任和信赖。

实践性教育的作用远胜过灌输式的被动性教育，俗话说“身教重于言教”，这一原理也适用于法治文化的培育。

《中国法治文化》：近年来，我国全民的法治观念和法律素质明显提高，全社会的法治化管理水平得到了很大提升，但是，与西方发达国家公民的法律意识相比还是较为淡薄。为此，努力培育社会主义法治文化，促进全社会形成学法尊法守法用法的良好氛围，成为当务之急。目前来看，培育法治文化的最紧迫的课题是什么？

刘作翔：当前，培育法治文化面临的最紧迫的课题是树立公民对法律、法治的信念，以及树立严格遵守规则的意识。首先是所有公职人员以及公权力主体严格遵守法律，运用法律。同时，如同十八届四中全会决定中指出的，“必须使人民认识到法律既是保障自身权利的有力武器，也是必须遵守的行为规范，增强全社会学法尊法守法用法意识，使法律为人民所掌握、所遵守、所运用”。长期坚持下去，才能在全社会形成法治文化的氛围，使中国的法治文化有一个良性的发展。法

我所感受的检察文化

文 / 刘建新

2014 年 12 月 2 日，中央全面深化改革领导小组第七次会议指出：“要牢固树立以人民为中心的工作导向，坚持以社会主义核心价值观为引领，深入研究新时期人民群众文化需求特点，发展先进文化，创新传统文化，扶持通俗文化，引导流行文化，改造落后文化，抵制有害文化，为实现中华民族伟大复兴的中国梦提供强大的精神动力和文化支撑。”这是以习近平总书记为首的党中央在全面深化改革的关键时刻提出的对构建新时期文化建设的具体部署。

人民检察院是全面推进依法治国的实践者，是检察文化的主力军。最高人民检察院检察长曹建明于 2014 年 12 月 7 日在 2014 年第四期全国人大代表专题学习班上，与三百五十余名全国人大代表分享了自己多年从事检察工作的体会：“人民性是检察工作的根本属性，要始终牢记检察院前面的‘人民’二字！”同样，检察文化建设必须突出“人民”二字，把为民司法作为检察官最重要的良知，以文明来规范司法，实现公平正义的软实力，提升检察机关的公信力、战斗力。在丰富实践检察文化的过程中，凝聚依法执政、依宪执政的法治共识，坚定道路自信、理论自信，更好地服务中国特色社会主义法治建设。

一

检察文化伴随着我国法治实践的脚步走到今天，经历了一个漫长的过程。在这个过程中，检察文化作为观念范畴，留下了深刻的历史印记，记录下无数检察官为检察事业奋斗的艰苦卓绝的征程。

从解放战争到新中国成立，检察机关的优秀传统伴随着炮火，迎来了人民当家做主；中国共产党执掌政权后开创了新中国的法制道路，从人民检察署到人民检察院，检察机关走过的每一步都留下了检察文化的生动身影，法律监督机关的属性和法律地位据此在我国宪法中得以确立。检察机关的优秀传统与丰富实践，为检察文化的奠基打下了坚实的基础。

抗日战争初期，陕甘宁边区根据地对黄克功案件审判，胡耀邦同志作为解放区公诉人出庭支持公诉；解放后，对战犯审判，检察机关出庭支持公诉；粉碎“四人帮”后，特别法庭公开审判，检察机关出庭支持公诉；在“打老虎”和“拍苍蝇”的反腐倡廉中，人民法院组织对薄熙来案件公开审判，检察机关出庭支持公诉；在打击各类刑事犯罪中，检察机关出庭支持公诉；以及不久前发生在河南、浙江、安徽等地纠正错案的法治新举动，都有检察官的身影。在案件审理过程中，检察机关出庭支持公诉的背后，是检察机关所有人员坚定法治信仰，坚持追求公平正义的共同务力，处处体现着检察文化的软实力，体现着检察文化软实力转化为战斗力的具体实践。

习近平总书记指出，体现一个国家综合实力最核心的、最高层的，还是文化软实力。我国检察机关的历史证明了这一点，检察文化的历史实践也证明了这一科学论断。

中华民族历史悠久，在历史的熏陶下，古老的文明形成了以“和”为贵的传统文化，且始终伴随着我国封建社会形成的法制体系。清朝末年，西风东渐，各种外来文化开始影响中国，并进入我国的文化领域，为悠久的传统文化注入了新的活力。新中国成立后，社会主义法治建设开始起步，以1954年宪法为标志，以《土地法》、《婚姻法》的全面实施为实践，法治建设有了良好开端。“文化大革命”后，我国进入改革开放新时期，法治建设被提上日程。经过一个理论准备阶段，党的十五大提出“依法治国”，成为依法治国的第一个里程碑。十八大提出：“全面落实治国基本方略，加快建设社会主义法治国家”，成为依法治国的第二个里程碑。法治文化，是十八届四中全会审议通过的《中共中央关于全面推进依法治国若干重大问题的决定》专门提出的，包括开展法治教育，树立法治理念，法官、检察官就职宣誓等，法治文化的概念渐趋成型。作为法治文化重要组成部分的检察文化，随着我国的改革开放和经济的飞速发展，其发展进程也在与时俱进，这是毋庸置疑的。

二

检察文化有广义与狭义之分。广义的检察文化，与我国的检察制度息息相关，围绕着检察制度形成的执法理念、信仰、价值观、行为准则乃至职业道德，又形成了第二层面的动能，即由此来“凝聚人心、激励斗志、规范行为、陶冶情操、营造氛围、树立形象等”①。这个动能就是专家、学者达成共识的文化软实力。狭义的检察文化，可以具体为广义检察文化实践的方式方法，诸如各种形式的法治理念教育活动、职业道德形成的形式与内涵的研究、围绕检察工作以及所涉及的法治进程范畴内开展的所有文化活动等。

这里侧重讲一下网络文化。网络文化来势迅猛，无处不在，影响也日渐深远。最高人民检察院与时俱进，适时开通了检察文化网，鼓励检察院的工作人员积极参与“冲浪”，发表各种意见、建议。在检察文化网上，大家可以坦诚交流、碰撞观点。即使观点相左，只要平等交流，都有发表意见的权利。这是对传统检察工作的重大改革，构建了检察工作公开、公正、公平发声的平台。这个以检察文化为依托的平台搭建起来后，图书报刊阅读交流、法学理论资料索引查找、法学理论探讨、案例研究、对外法学学术交流、历史资料展览、检察官个人艺术作品展示和艺术修养交流，以及各种形式的文化活动等，在全国检察机关争相开展；各地检察院根据地方特色推出的文化“大餐”更是不胜枚举。检察机关在检察文化网上挖掘出大批人才充实到检察机关所需岗位上，发挥着前所未有的战斗力量，进一步解放了检察机关的生产力。

这仅仅是检察文化中网络文化的一个实践，这个实践表现出与传统做法不同的地方。网络文化带来的不仅仅是技术与方式的变迁，更是检察文化观念与检察文化内涵的更新。

三

党的十八大召开后，从依法治国到用法治思维统领开展工作，追求公平正义，完善司法体系，推进司法体制改革，在认识与实践上是一致的。而在检察文化中，检察官履行法律监督职责，在执法实践中形成的传统惯性思维中扬什么、弃什么，则需要进一步理性解读。

2014年12月4日，我国迎来了第一个“国家宪法日”。十八大报告在“推进政治体制改革”一节中强调“要发展更加广泛、更加充分、更加健全的人民民主”，为此提出七项重大任务，其中在“全面推进依法治国”中重申“党必须在宪法和法律的范围内活动，任何组织或者个人都不得有超越宪法和法律的特权”。十八届三中全会决定进一步提出“建设法治中国”的宏伟目标，明确了建设法治中国的任

《中国法治文化》征稿启事

《中国法治文化》是中国法学会法制文学研究会主办的全国性法治文化读物（每月1辑）。宗旨是“弘扬法治精神，服务法治中国”。2015年1月正式出版。16开本，64页码，双色印刷。共设5个板块18个栏目。

板块	栏目	栏目定位
	1. 视点	阐述本读物重要观点
学术	2. 专题访谈	就法治文化的理论与实践问题访谈法律专家、文化名家、政法部门负责人
	3. 理论前沿	法治文化前沿课题的研究文章，突出学术性
	4. 建言献策	关于法治文化建设不同视角的理论文章和建言献策文章，突出建议性
论坛	5. 法治文化与道德	论述法治与道德之关系的文章
	6. 法治文化与廉政	论述法治文化与廉政建设之关系的文章
	7. 法治文化与创作	论述法治文艺创作的文章
	8. 法治文化与媒体	论述法治文化与媒体传播关系的文章
	9. 法治文化与实践	论述法治文化与立法、执法、司法、守法等实践的文章
报告	10. 经验之窗	关于机关、事业、企业法治文化建设典型经验的文章
	11. 热点透视	就某一案例、法治事件或热点问题进行文化角度的剖析，突出文化性
作品	12. 法治文学	法治题材的散文、诗歌、微小说等原创作品，文学评论
	13. 法治艺术	法治题材的书法、绘画、漫画、摄影等
	14. 法治影视	法治题材的影视介绍、影评
纵横	15. 法治史话	讲述中外法治史上重要事件和著名人物，突出知识性
	16. 法治名言	法治文化的名言警句，突出警示性
	17. 域外瞭望	介绍外国法治文化建设
	18. 法治文化动态	中央、法学会及政法界、文艺界领导最新法治文化重要活动，各地法治文化实践短消息

背面附：投稿注意事项

投稿注意事项：

1.稿件标准：理论稿件要求学术性强，视角新颖，观点清晰，紧扣法治中国建设；文艺稿件要有普法性和文学艺术价值；经验稿件要有创新性和可推广价值。

2.经验稿件须加盖本单位公章，请勿一稿多投。

3.作者须提供与稿件有关的图片，图片规格为jpg格式，2M以上；论文需提供作者照片（jpg格式、200k以上），以及作者简介（100字以内）。

4.稿费标准：原创作品100～300元/千字；摄影作品10～50元/每幅。

地址：北京丰台区东大街60号房基大厦6层《中国法治文化》编辑部

邮编：100071

《中国法治文化》编辑部联系方式

姓 名	电话	手机	邮 箱	QQ
王运声		13311310228	wangys1234@126.com	
于善法	010-66716030	13939039791	1136403810@qq.com	1136403810
陈铁保	010-66716031	13601215953	jsb919@163.com	3058633885
周德喜	010-66716031	13796326789	407960111@qq.com	407960111
赵乙泽	010-66716035	18610358795	ether1024@qq.com	897548589

《中国法治文化》编辑部

2015年3月

务，推进国家治理现代化的重要方略。十八届四中全会提出将每年的12月4日定为国家宪法日。十二届全国人大常委会第十一次会议以立法的形式予以设立，为这部根本大法融入公民生活，融入每一位执法者和每一位检察官的心灵提供了保障。习近平总书记曾指出："宪法的生命在于实施，宪法的权威也在于实施。"依宪治国、依宪执政的原则已在不言中，这个原则是法治思维的基本准则，也是法治文化、检察文化应当遵循的基本准则。

当前，反腐败斗争持续发力、步步深入。中央政治局全体会议决定开除周永康的党籍，最高人民检察院经审查决定，依法对周永康涉嫌犯罪立案侦查。以习近平总书记为首的党中央的这些举措，为下一步全面深化改革做好了铺垫。随着改革的深入，从依法治国的长远目标考量，全面履行宪法赋予检察机关对于国家公权力的法律监督与制约，需要充实、更新检察文化中的法治思维，切实加强检察文化建设。对此，笔者认为，当前要着重从四个方面关注与思考：

一是基本理念。习近平总书记强调："依法治国，首先是依宪治国，依法执政，首先是依宪执政。"因此，落实十八届四中全会决定，建设法治文化，必须牢固确立宪法至上的理念。即在检察工作中必须坚决贯彻坚持中国共产党的领导，坚持人民当家做主，坚持依法治国三者有机统一。这是法治国家的核心，也是法治文化的核心。建设检察文化的思维坐标，应当牢牢地竖立在这个根本理念上。

二是体制机制。文化是上层建筑，是客观存在的反映。检察文化立足于人民检察事业实践的基础之上。认真落实党的十八届四中全会决定，不断推进检察机关的体制改革、体制完善、制度创新，将为新常态下检察事业的发展带来新的动力和契机。令人欣喜的是，按照党中央的部署，建立跨行政区域的人民法院、人民检察院，地方检、法两家的人、财、物由省级统筹统配等"组合拳"已经打出；过去一个时期饱受诟病的"考核标准"正在得以清理纠正，以责任追究、检务公开为重要内容的规章制度正在不断完善。所有这些，既为检察文化的生长提供了良好的土壤，同时，其本身也无疑是检察文化建设的最新成果。

三是建设重点。检察文化建设体现在检务工作的每一个环节和各个方面，必须抓住重点。重点即着眼于干部的思想作风建设，牢固树立"一切权力属于人民"的观念，人民是我们的衣食父母，必须秉公用权、廉洁从政、认真履行检察职责。而良好的法治思维是做到这些的前提条件。作为检察干部，处理每一个案件都要立足于法律，带头遵守法律，按照法定程序和法规要素办事。同时，头脑中要有坚定的宗旨意识，即为人民服务，为当事人着想，确保人民群众在每一个司法案件中都感受到公平正义。这也是检察文化的出发点。

四是方式方法。几十年来，检察文化走过了探索发展的历程，取得了丰硕成果，也积累了不少经验。建设新时期的检察文化，要努力深入基层，深入实际，发现培养典型，总结先进经验，丰富内容，创新形式，紧密结合工作实际和队伍思想实际，善于运用传统的、现代的、文学的、艺术的，以及影视的、网络的各种手段，深入开展检察文化的创建活动，把法治文化建设提升到更高的水平。法

（本文作者系原检察媒体工作者）

注释：

① 杨克勤：《检察文化建设要把握着力点探索新方式》，载《检察日报》2014年12月1日。

当前仲裁机制存在的问题及完善建议

文 / 杨荣宽 何江文

仲裁是民商事主体根据仲裁协议，自愿将其民商事争议交由非官方身份仲裁员组成的仲裁庭裁判，并受该裁判约束的一种制度。作为一种替代性纠纷解决方式，仲裁因其自愿性、独立性、自由性、灵活性、保密性、专业性、快捷性等优越特征，得到世界各国的普遍承认和广泛采用。

我国自1994年颁布实施《仲裁法》以来,仲裁取得了迅速发展。据2014年全国仲裁工作座谈会统计数字，2013年全国仲裁委员会已达225家，全年共受理案件104257件，标的总额1646亿元。仲裁在人民经济生活中扮演的角色愈加重要，但当前仲裁机制仍存在不少问题,若不及时解决,将会使仲裁价值丧失,激化人民内部矛盾,导致民众对仲裁及司法的不信任，进而影响法治进程，阻碍经济发展，甚至影响我国仲裁在国际上的话语权。

一、当前仲裁机制存在的主要问题

（一）仲裁机构行政化现象严重

《仲裁法》第14条明确规定："仲裁委员会独立于行政机关，与行政机关没有隶属关系。"而实际上多地仲裁机构挂靠政府法制办或司法局，大量公务员及参照公务员管理人员担任仲裁委员会组成人员。如河南省某市仲裁委员会挂靠在市司法局名下，仲裁委员会主任为市司法局科级干部；黑龙江省某市仲裁委员会主任由市政府有关领导兼任。

仲裁机构行政化具有深厚的历史原因。国务院办公厅1995年8月1日印发的《重新组建仲裁机构方案》（国办发〔1995〕44号）规定："第一届仲裁委员会的组成人员由政府法制办等有关部门和相关商会协商推荐，由市人民政府聘任"，"仲裁委员会设立初期，其所在地的市人民政府应当参照有关事业单位的规定，解决仲裁委员会的人员编制、经费、用房等。仲裁委员会应当逐步做到自收自支。"基于各种原因，某些政府组建仲裁委员会时，将"聘任"改为"担任"，大量公务人员涌入仲裁机构，担任主任、副主任或委员等职位，并且在仲裁换届时保留该传统，公务员及参照公务员管理人员把持仲裁委员会主要职位。

民间性是仲裁机构区别于法院等司法及行政机关的主要特征，仲裁委员会本身虽然与行政机关没有隶属关系，但仲裁委员会的组成人员与行政机关如果存在隶属关系，就会间接地使仲裁委员会沦为"第二政府"。笔者曾代理过一起仲裁案件，对方当事人为当地国有独资公司，该公司法定代表人由当地政府"一把手"兼任，而仲裁委员会主任则为该市政府秘书长，当地政府既是"裁判员"，又是"运动员"，其裁决结果可想而知。

（二）仲裁委员会组成人员及仲裁员违纪行为监督机制缺失

《仲裁法》规定，中国仲裁协会根据章程对仲裁委员会组成人员、仲裁员的违纪行为进行监督。但中国仲裁协会基于各种原因至今未能建立，由此产生的严重后果是仲裁员及仲裁委员会组成人员的违纪行为无从监督。

美国法学家博登海默曾言："仲裁权作为一种权力，与其他权力一样，在它未受到控制时，可以将它比作自由流动、高涨的能量，其效果往往具有破坏性。"对仲裁进行监督极为必要，但当前对仲裁委员会组成人员及仲裁员违纪行为监督机制缺失，仲裁员违纪行为无从监督。如上文提到的案例，仲裁庭由三名律师组成，裁决认定事实及适用法律错误，当事人却无法通过法定撤销裁决程序维护权益，而当地司法局、律师协会、法制办、公安局、检察院、法院等机关相互推诿，均以"无法律依据"为由拒不受理对相关仲裁员的控告。

（三）仲裁司法监督流于形式

《仲裁法》规定，对仲裁的司法监督限于"撤销裁决"及"不予执行"。据2013年全国仲裁工作座谈会统计，"全年被人民法院撤销仲裁裁决111件，仅占案件总数的0.12%"。有人乐观地认为，"仲裁案件质量持续保持较高水准"。笔者则不以为然，撤裁率低并不能说明仲裁案件质量高，反而说明法院对仲裁监督不力。

"撤销裁决"是指申请人提供证据证明仲裁裁决存在《仲裁法》第58条规定的六种情形之一的，可申请法院撤销仲裁裁决的救济程序，法院认为仲裁裁决违反社会公共利益的亦可撤销。在司法实践中，法院对撤裁案件审理采用的是机械式思维，即将申请撤裁理由与六种法定情形一一比对，完全符合法定情形的裁定撤销，不符合的予以驳回。而实践中申请人很难对“当事人隐瞒了足以影响公正裁决的证据”或“裁决所根据的证据是伪造的”等事由举证证明，由此产生的后果是绝大多数撤裁申请被以“不符合《仲裁法》第58条规定情形”为由驳回。

“不予执行”是指被执行人提供证据证明仲裁裁决存在《民事诉讼法》第237条规定情形，人民法院查证属实后裁定不予执行仲裁裁决的一项程序。《民事诉讼法》第237条规定情形与《仲裁法》第58条规定情形基本一致，“不予执行”实际是“撤销裁决”程序在实体上的重复。《仲裁法解释》(法释〔2006〕7号）规定，“当事人向人民法院申请撤销仲裁裁决被驳回后，又在执行程序中以相同理由提出不予执行抗辩的，人民法院不予支持”。仲裁委员会虽有裁决权，但裁决的执行必须借助于法院，法院裁定不予执行后，仲裁裁决即处于“法律上有效，实际上无效”的尴尬境地，获得胜诉裁决的当事人仅能通过另行提起民事诉讼维护权益，仲裁裁决变为一张废纸。

实践中还存在这样一种情形，即裁决败诉方明知撤裁无望，仍然启动撤裁程序中止执行，并在裁决作出之日起六个月内反复撤诉起诉，以达到拖延执行的目的，既浪费司法资源，又损害胜诉方权益。

二、完善仲裁机制的几点建议

（一）尽快建立中国仲裁协会，加强内部监督，统一仲裁规则

《仲裁法》已对中国仲裁协会的性质、组成等作出了明确规定。早在1994年，国务院办公厅就已下发了《关于做好重新组建仲裁机构和筹建中国仲裁协会筹备工作的通知》，但二十年过去了，中国仲裁协会至今未能建立。

中国仲裁协会是仲裁委员会及其组成人员、仲裁员的法定监督机关，中国仲裁协会的建立可以有效监督仲裁活动的合法性。另外，当前各地方仲裁委员会组织松散、管理混乱、仲裁规则不统一，严重影响仲裁的公正性、快捷性、专业性等，导致了社会对个别仲裁委员会的不信任和对仲裁制度的误解。

建立中国仲裁协会后，应着力统一各地仲裁规则，集中培训专职仲裁员及兼职仲裁员，提高仲裁员业务素质及职业道德，统一裁决尺度，高效、专业、独立、公正裁决，定纷止争，更好地服务经济建设，促进依法治国。

（二）严格仲裁员聘任条件，宁缺毋滥，组建高素质仲裁员队伍

《仲裁法》对仲裁委员会的设立条件规定得过于笼统，实践中多被政府机关主导支配，商会等行业组织参与度低，某些地区甚至没有商会的参与。设立仲裁委员会，除了对场所、财产要求提高标准外，更重要的是仲裁员的数量及质量。

从律师的特殊职能及仲裁公正性角度考量，国内仲裁机构不宜聘请律师担任兼职仲裁员，或者律师一旦被聘任为仲裁员后，应立即辞去律师工作，担任专职仲裁员，或者把律师仲裁员限定在一定比例。很多仲裁委员会仲裁员主要由律师组成，不难想象，一个律师今天担任仲裁员在仲裁庭仲裁案件，而明天则担任代理人在同一仲裁机构仲裁庭上代理案件，这样很容易发生角色错位，进而容易产生徇私舞弊、枉法裁决的情况。笔者建议仲裁机构应尽量避免聘请律师担任仲裁员，即使聘请律师也必须控制其在仲裁员中所占比例，并提高聘任标准，可参照中国国际经济贸易仲裁委员会公开聘请律师担任仲裁员的要求，“在全国具有重要影响的律师事务所担任主任律师、首席合伙人或主要合伙人；具备丰富的从事民商事律师业务经验；具有法学专业硕士研究生及以上学历”。

某些仲裁委员会兼职仲裁员比例过大，甚至出现除仲裁

委员会组成人员外，全部仲裁员都为兼职的情形。笔者认为，仲裁委员会必须具有一定数量和质量的专职仲裁员，并将该专职仲裁员数量及比例作为仲裁委员会设立条件之一，如专职仲裁员不少于10名并在全部仲裁员中占有比例不低于40%等。

（三）在各省及较大的市设立仲裁委员会，撤销一般地级行政单位组建的仲裁委员会

省级行政单位较一般的地级行政单位，人才资源更为丰富，有条件组建一支专业性强、公道正派的仲裁员队伍。较大的市经济发达，具有立法权，如深圳、青岛、成都等地也有条件组建仲裁委员会。而一般地级行政单位组建的仲裁委员会，受理案件数量有限、挂靠政府机关、仲裁员素质普遍较低、行政兼职现象严重，除主任外仅有三四名聘任的工作人员。笔者建议撤销该类仲裁机构，当地有仲裁需要的，可从省仲裁委员会选定仲裁员组成临时仲裁机构进行仲裁，必要时可在当事人约定地点开庭审理。

（四）公务员及参照公务员管理人员可以担任兼职仲裁员，但不得作为仲裁委员会组成人员

目前，国内仲裁工作中最为人诟病的是行政化现象严重，仲裁委员会主任、副主任、委员等职位大部分由公务员和参照公务员管理人员把持，致使仲裁委员会依附、挂靠于政府机关，丧失独立性。鉴于某些公务员及参照公务员管理人员为经济贸易专家，为保证仲裁裁决专业性，可吸纳符合条件的公务人员作为兼职仲裁员参与仲裁审理，但不得作为仲裁委员会组成人员。

（五）建立仲裁员案件责任制，提高裁决质量和效率

中央政法委于2013年出台了《关于切实防止冤假错案的指导意见》，就法官、检察官、人民警察对办案质量终身负责制提出明确要求。“经济纠纷决于司法”，仲裁权实际为一种司法权，笔者认为，应建立仲裁员案件责任制，让仲裁员承担案件责任，有利于增强仲裁员的自律意识、公正意识和廉洁意识，能够让仲裁员树立对法律的敬仰和敬畏，依法审理、公正裁决。

（六）加强司法监督，适当增加撤裁事由，取消“不予执行”程序

“认定事实不清，适用法律错误”是人民法院撤销原判决的重要事由，但非撤销仲裁裁决的事由。笔者认为，“以事实为依据，以法律为准绳”是任何裁决必须遵守的准则，仲裁也不能例外，而实践中因仲裁员专业能力所限及案外因素影响等原因，仲裁裁决极易出现事实认定及法律适用的错误。若不对此救济，将严重侵犯当事人的合法权益。应将“认定事实不清”与“适用法律错误”作为撤销仲裁裁决的法定事由。在启动撤裁期间不变的情况下，增加一项撤裁事由并不会影响仲裁的效率，反而能检验仲裁裁决质量，维护当事人合法权益。

“不予执行”程序在实践中并未起到应有的法律效果，笔者建议在适当增加撤裁事由的前提下，取消“不予执行”程序，赋予当事人更多撤裁程序中的权利。如可以规定：“当事人在仲裁送达之日起六个月内有权申请人民法院撤销仲裁裁决，申请人自愿撤回申请后不得再次提出撤销申请；当事人对人民法院裁定不服的，有权申请复议，复议期间不停止执行。”法

（本文作者单位：北京市康达律师事务所）

履行道德责任 是依法执政的基本前提

文 / 方竹

《中共中央关于全面推进依法治国若干重大问题的决定》提出："国家和社会治理需要法律和道德共同发挥作用。必须坚持一手抓法治、一手抓德治，大力弘扬社会主义核心价值观，弘扬中华传统美德，培育社会公德、职业道德、家庭美德、个人品德……以法治体现道德理念，强化法律对道德建设的促进作用，以道德滋养法治精神，强化道德对法治文化的支撑作用。"依法治国的首要任务是塑造一支高素质的执政队伍，而"德才兼备，以德为先"的用人标准是建设依法执政队伍的基石。中国特色社会主义依法执政的理念和实践必然构筑在社会主义道德的基础之上。执政者的行为符合社会主义道德，就会取信于人民；反之，则有公权力被异化之忧。因而，能否为道德行为负责就成为衡量执政者能否依法执政的标尺。

一、道德责任简论

对于依法执政来说，道德责任应分为执政者[①]的道德责任和政府的道德责任。由于就一个具体的政府部门而言，政府的道德责任一般是由执政者的道德责任决定的，所以本文着重论述执政者的道德责任与依法执政之关系。

"作为确定的人、现实的人，你就有规定，就有使命，就有任务，至于你是否意识到这一点，那是无所谓的。这个任务是由于你的需要及现存世界的关系而产生的。"[②]这就是我们所说的责任。"夫礼者禁于将然之前，而法者禁于已然之后。”[③]法律制度规定的责任，只能抑制人的“恶”的一面，是一种消极的责任；而道德责任则是积极的责任，它让执政者在履行责任的过程中，获得自我价值实现的体验。如果没有很好地履行责任，自我会受到道德良知的谴责而愧疚。道德责任是法律责任的保障。如果执政者具有高度的道德责任意识，就能够充分地履行自己的岗位责任，并使法律制度的不充分性得到补充。相反，一旦道德责任丧失，执政者的行为就会难以避免地向恶化发展，法律责任将被忽略，必然导致腐败的出现。

道德责任是指道德主体应当对其自主作出的选择承担相应的义务，以及违反道德义务所应承担的后果。道德责任的特点是自觉性，表现为主体对责任的自觉认识和行为上的自愿选择。黑格尔认为：“道德之所以是道德，全在于具有知道自己履行了责任这样一种意识。”[④]既然特定职务是在社会实践中自由选择的结果，那么，道德主体对自己选择的行为就负有不可推卸的责任。

执政者的道德责任是把社会对自己提出的道德要求视为自己的内在道德需要，是职务行为应尽的义务。这是社会对执政者的一种规定，是一种使命。“所谓道义上的责任，也就是指政府及其公务员虽然不违宪也不违法，但如果行为明显与社会公德和公序良俗相悖，就应承担道德的责任。”[⑤]

执政者的道德责任可以分为一般道德责任和特殊道德责任两个层次。执政者作为一个特殊的职业群体，既拥有作为社会成员的一般道德价值取向，又必须具有作为执政者的特殊道德价值取向。卢梭曾说：“政府中的每个成员首先应该是公民，然后才是行政官，然后才是他本人，而不是相反。”[⑥]现代社会要求执政者谋求公共利益，提供公共服务，对社会承担规定的责任，公正、公平、廉洁、诚实、守信，恪守执政道德，履行道德责任。

二、道德责任意识决定依法执政理念

在公共行政领域，权力的授予必然伴随责任的规定。作为公权力的行使者，必须承担与公权力相应的责任。康德认为：“行为的道德价值不取决于行为是否合乎责任，而在于是否出于责任。”[⑦]道德责任意识是承担道德责任的主观意愿，是道德责任主体良知的自觉，是在出现道德瑕疵之前的自控和出现道德瑕疵之后的反省。观念是存在的反映，观念又通过指导行为作用于存在，所以道德责任意识对道德行为起主导作用。

（一）道德责任是依法执政的伦理基础

“一切存在着社会秩序危机的时代都是与道德的失范同时出现的，而且首先是由于掌握公共权力的人们破坏社会共同体的道德原则和规范，败坏社会风气，进而引发了整个社会的道德价值的丧失。”[⑧]可见，执政者的道德责任对于社会的稳定和进步具有何等重要的意义！

我国对公务员职业道德提出“忠于国家，服务人民，恪尽职守，公正廉洁”[⑨]的要求。这是公务员在价值观、权力观、利益观方面的是非标准，也是道德责任。道德责任与执政者的政治责任、法律责任、行政责任相比应该居于基础地位。因为道德责任是一种积极的责任形式，它对自由裁量的空间起到补位的作用，是失职与尽责的“调节器”。没有这一“调节器”，法律规范将成为空洞的概念，甚至会成为谋私的工具，依法执政将成为空中楼阁，可望而不可即。因此，任何法律规范和制度都必须获得道德责任的保障才有可能有效施行。依法执政也只有以道德责任为基础才有可能实现。

（二）依法执政理念是道德责任意识的升华

道德责任是“知”与“行”的统一，它是道德责任主体通过学习训练将道德规范内化为观念与将观念外化为道德行为习惯的有机结合。心理学认为，责任意识（即责任感）一旦形成信念，就会对个体行为产生持续的动力。“当道德责任升华为道德主体的责任感时，社会的道德就会成为道德主体发展的一种内在需要，道德需要必然引起道德主体的行动欲望，即道德实践的要求与选择。道德需要和选择又会促使道德主体产生对社会的责任意识，并萌发改造和发展社会的热情。”[10]

执政者的道德责任意识在社会向高度的民主法治体制发展的历史阶段，必然转化为依法执政意识。而依法执政意识在学习教育和实践的过程中，通过主客观循环往复地反映而不断得到升华，由零散而系统，由肤浅而深化，由感性而理性，在执政者的意识中逐渐形成自我指导和约束执政行为的规则，也即理念。

对于执政集团来说，依法执政理念必然是以一定的社会发展阶段为前提，在社会道德责任的基础上提炼并高度概括而成的。而对于执政者来说，依法执政理念也必然是建立在个人的道德责任意识基础上的。否则，依法执政理念将成为无源之水而失去生命力。

三、道德责任信念决定依法执政水平

道德责任信念是人们确信自己应该履行某种社会道德义务的坚定心理。对于执政者来说，道德责任信念越坚定，其依法执政水平就会越高。信念是人对某种预期或观念深信不疑的精神状态。信念是一种心理动能，它会激发人们潜在的体力和智力以及其他各种能力，以实现其物质或心理需求，或实现其信仰的目标。任何责任都只有通过具体人的信念才能发挥作用。

从《周易》的“厚德载物”到《礼记》的“格物致知”、“正心修身齐家治国平天下”，从范仲淹的“先天下之忧而忧，后天下之乐而乐”到顾炎武的“天下兴亡，匹夫有责”，都深刻体现着超越时代的以天下为己任的“士”的道德责任理念，它鼓舞着我国历代仁人志士为国家治理和百姓福祉奉献聪明才智，为民族存亡赴汤蹈火。因为他们坚信，他们是为“兼济天下”而生。

我国历史上名吏辈出，如李斯、张骞、魏征、王安石、包拯、海瑞等，不胜枚举。他们最明显的共同特征是，都具有高度的使命感，具有“鞠躬尽瘁，死而后已”的坚定信念。正是这种坚定的为国为民的道德责任信念，驱使他们或励精图治，或不辱使命，或直言规谏，或依法断案、刚正不阿，因而在历史上留下了光耀史册的车同轨书同文、丝绸之路、贞观之治、清官文化等盛世之举。

由此可见，道德责任信念会驱使执政者把自己的身心和精力更有效率地投入到所从事的事业中去。这种信念越强，投入的精力和情感就越多，也会顺应时代和人民的要求，更加公开公正地依法执政，从而使执政的效率和品质随之提高。

与此相反，如果责任不凝聚成信念，其责任就难免被忽视。作为一个执政者，“如果没有建立起维护公共利益的信念，就不会承担起维护公共利益的责任，无论制度的设计多么完善，他在维护公共利益方面也不会表现出热情，甚至有可能在产生了个人利益要求的时候，就会破坏公共利益。”[11]没有道德责任信念的执政者必然没有工作热情和工作动力，也不会为事业付出情感，其执政的效率和品质可想而知。

四、道德责任行为决定执政行为的合法性

执政者的人格具有“经济人”（自利性）和“道德人”（他利性）二重的规定性。“自由裁量权一旦与行政‘经济人’属性结合必然产生腐败……行政自由裁量权的行使最终取决于行政人员的伦理自主性、道德价值观和内心伦理准则，这使得政府活动更需要道德责任的关怀。”[12]

执政者在运用公权力行使调节社会关系的职责时，必须有崇高的道德品质，一切以人民的利益为最终目标。只有具备高度的道德责任意识，才能出色地履行其所承担的相应社会责任。倘若他不具备这样的道德责任追求，其手中的权力就会异化为牟取私利的工具，这必将导致政府决策目标大打折扣。当公众意识到自身利益受损时，就会对政府失去信心。

"人们对如何增强行政人员行政行为的合法性，减少官员腐败、转变政府行为方式、改进公共服务的方法等，抱以更多的关注。"[14]

（一）高度的公信力是执政合法性的重要标志

关于执政合法性，哈贝马斯认为："合法性意味着某种政治秩序被认可的价值。"[15]执政合法性不仅需要形式合法性，还需要实质合法性，即在道德价值的诉求上取得公众的认同。在法治社会，执政集团通过权利的运行为最广大人民谋取利益而获得大多数人的拥护，从而取得执政的合法性，其显而易见的重要标志就是社会公信力。无法想象没有公信力的执政集团会有长远的生命力。可以这样概括，历史上所有政权的覆灭，或者说所有革命的发生都是以政权公信力的丧失为前提的。失去了公信力，也就失去了执政的合法性，人民必然要重新选择利益的代表者。

个体执政者作为执政集团的一分子，存在着执政行为合法性的问题。首先，执政集团的执政公信力除了其执政纲领要与时俱进地符合人民的新要求之外，主要体现为个体执政者的执政素质和道德品质。整体公信力是绝大多数个体公信力的集合。如果较多的个体执政者执政素质低下，道德品质恶劣，甚至严重腐败，那么，必然会使执政集团的整体公信力受到影响，使人民丧失信心，严重者会动摇其执政合法性的基础。其次，个体执政者在履行职责时所表现出来的道德品质是具体的。一旦某一个履职行为有失执政道德操守，其履职行为的公信力和权威性就会降低，于是其执政行为的合法性也会受到质疑，甚至遭到抵制。我国近年来各地发生的大量群体性事件中，有很大一部分就属此列。

（二）履行道德责任是塑造公信力的首要途径

有失执政道德操守（公德）和个人道德瑕疵（私德）都会影响执政公信力。要保持或提高执政公信力，就必须严格履行道德责任，这也是执政者塑造公信力的首要途径，是执政集团永葆青春活力的重要法宝。

道德责任主体在道德责任信念支配下做出的针对他人或社会的行为是为道德责任行为。道德责任行为应该以"善"和"恶"来划分，也即区分"主观故意"。"是否属于道德上的'善'，不取决于他所做事情的正当性或它的后果，而是取决于他的品格或动机。"[15]笔者认为，过失违反执政道德规范行为，可划为"善"的范畴，是"犹可训"的，可以通过批评教育和培训来提高其道德认知水平；而完全出于明知且故意的违反执政道德规范行为，说明其本质是"恶"的，应属"必成灾"之列。这一类执政者应该自觉为自己的"不道德"行为负责，或受到机制和社会的制约而离开领导岗位，也即履行道德责任。如此塑造执政者队伍的公信力是依法执政的必然选择，也是首要途径。

（三）执政道德规范法律化使履行道德责任成为法律义务

从1958年开始，美国先后颁布了《政府工作人员道德准则》、《政府道德法案》、《行政部门雇员道德行为准则》等；1981年韩国颁布了《韩国公职人员道德法》；1999年日本颁布了《国家公务员道德法》；2001年意大利颁布了《公务员道德法典》；甚至许多发展中国家也有关于公务人员职业道德的法律规定。美国《行政部门雇员道德行为准则》规定："雇员如果接受了按本章规定不能接受的礼物，应该：……（2）如果因为礼物易坏而不可能退还，该物品可由雇员的上级或机构道德官员决定，捐给合适的慈善机构，或在接受者的办公室与他人共用，或销毁。"可见其规定细致、具体，可操作性强。

相比之下，我国的执政道德规范法律化还处于初始阶段，有关规范都是笼统的概念性表述。在《公务员法》第二章的"义务"部分只是作了原则性的列举。另外，部分地方政府以"准则"的形式发布了一些公务员道德规范，只有少量具体的规定分散于不同的业务领域，都没有上升为法律的高度，既没有社会影响力，也没有约束力，更没有可操作性。如北京市2013年公布的《国家公务员职业道德准则》的表述："公正廉洁：要管好权力，慎用权力，不以权谋私；要履职为公，崇尚公平，维护社会公平正义；要坚持原则，坚守防线，自觉抵制各种诱惑"。对于如此概念性的规范，人们的理解必然无法形成统一标准，其可操作性可视为零，不可能在规范执政者道德责任上起到预期的作用。也正因为如此，我国普遍存在着"带病提拔"、"异地漂白"、"东山再起"等现象，也经常以"集体责任"之名推卸个人责任，如此不一而足。

当今世界，执政道德规范法律化已渐成趋势。我国也应该有所作为，加强执政道德规范的法律化进程，将一般的道德原则纳入法律原则范畴，量化和细化执政道德标准，让履行执政道德责任成为履行法律义务，使执政道德规范脱离软性约束，法律化的执政道德规范将成为依法执政坚实的防火墙。

五、道德问责制是履行道德责任的保证

依法执政的根本目标是以法治方式维护社会公共秩序、促进公共利益发展。执政一旦背离这一根本目标，必然会损害公共利益和他人利益。切实保证公权力依法运作，事关公权力本身的质量和效率及其价值目标的实现程度。要实现这一目标，首先要从执政者履行道德责任开始。必须培养执政者树立道德责任意识，营造诚信、负责的道德责任社会氛围。违反道德责任就应该受到追究，并使其成为执政者履职的硬标准。

（一）我国现行的问责规范

我国《公务员法》第82条规定："领导成员因工作严重失误、失职造成重大损失或者恶劣社会影响的，或者对重大事故负有领导责任的，应当引咎辞去领导职务。"可见，引咎辞职是指因工作严重失误、失职造成重大损失或恶劣影响，或对事故有重要领导责任，不宜再担任现职，由本人主动请求辞去现任的领导职务的问责行为。2010年的《关于实行党政领导干部问责的暂行规定》第5条列举了7款问责的情形，均是在《公务员法》第82条的框架下拟定的，即都以"因工作严重失误、失职造成重大损失或者恶劣社会影响"为前提条件的行为。也就是说，问责的范围被框定在"职责"的范围之内。《中国共产党纪律处分条例》第十四章列举了众多"严重违反社会主义道德的行为"，虽然其中也包含少量的个人道德瑕疵问题（其他部分属于违法犯罪行为），但其处罚手段只能限于党内纪律处分。因而，大量的存在道德问题的执政者未必承担了应有的职务上的处分。而多数的行政处分和党纪处分在短时间内都可以自然撤销，辞职也有迅速东山再起的机会。所以，这样的问责是难以触及灵魂和抑制腐败动机的。

（二）建立道德问责制的必要性

美国奥委会前主席桑德拉·鲍尔文因为在简历中伪造学历被曝光后引咎辞职；日本官房前长官福田康夫因没有交纳养老保险费引咎辞职；芬兰央行行长在一次公务接待的宴会上点了一盘20欧元的鹅肝，因为超出标准，公示后引起民众不满而引咎辞职。可见，国外的引咎辞职并非仅以"因工作严重失误、失职造成重大损失或者恶劣社会影响"为标准，而更多的是以有失执政道德操守或存在个人道德瑕疵为目标的。这是因为，人民要求执政者不仅要具备卓越的处理政务能力，还必须具备高于普通人的道德标准。尤其在腐败形势极其严峻的今天，道德问责更显其突出的优越性和必要性。我国目前还没有真正建立起道德问责制的规范体系和自动启动追究机制。道德问责制要求执政者如果对自己的不当道德行为不能给出合理的解释，就应该公开道歉乃至引咎辞职，以体现对人民负责的精神。

需要特别指出的是，优秀干部并非稀缺资源，我国有大量的优秀干部因为用人腐败和体制机制等因素的阻碍而无法

充实到领导岗位上来，况且有失执政道德操守和存在道德瑕疵的干部绝非优秀干部，不应该让他们执政而让人民忧虑。至于那些“因工作严重失误、失职造成重大损失或者恶劣社会影响的”，应该适用撤职的行政处分乃至承担刑事责任而非道德自律的引咎辞职，因为对于他们来说，导致严重后果的原因，无论是能力缺陷还是道德缺陷，这些都是难以弥补的，应该让位于没有缺陷、符合标准的人才，而且，他们也应该为自己的行为负责，成为其他执政者的镜鉴。我们既不要吝惜“党的多年培养”的成本，哪个腐败分子没有经过“党的多年培养”？也不要怜惜“其他方面才能”，道德不达标，什么才能都无法保证其发挥正能量。至于能力不足而引咎辞职者，就更谈不上“其他方面才能”了。

道德标准应该成为执政者的起码标准。道德问责制的建立，将使执政者受到更为严格的约束和教育，有利于其在履行职责中做出对人民负责的选择。

（三）自觉履行道德责任

一个有道德责任意识的执政者，至少在舆论揭露和谴责自己有失执政道德操守或存在个人道德瑕疵的情况下，坦承自己的过错，并能够自觉地为此负责。比如不如实申报财产、不诚实守信、公车私用、公款吃喝、不作为乱作为、官僚主义等违反执政道德规范的行为，以及生活作风问题等个人道德瑕疵，尽管有时并未造成重大损失或恶劣影响，也未必达到违反法律的程度，但由于其行为足以令人民有理由怀疑其不能全心全意为人民服务，不能公正地行使人民赋予的公权力，因而有权要求其引咎辞职。执政者的辞职是对自己的职务负责的行为，也是让人民解除忧虑的行为。

在我国目前尚未形成为道德负责的社会氛围、执政者不能自觉履行道德责任的情况下，应该首先以“责令辞职”为先导，促使执政者形成自觉意识，建立真实有效的舆论监督和制度监督机制，对应当履行道德责任的执政者自动启动追究程序，上级和“一把手”带头履行道德责任，一以贯之，逐渐塑造全社会的道德责任意识，从而打造诚实守信、道德高尚、严格依法办事的执政队伍，方能胜任依法执政的神圣职责。

如果每一位执政者都能自觉地、不折不扣地履行道德责任（当然，要做到这一点还需要制度的支撑），加之以严格的财产申报制度，相信腐败一定会得到有效遏制，从而避免运用刑事法律兴师动众地治理，耗费大量的国家资源。如此，风清气正将为期不远矣！法

注释：

① 本文仅指执政的领导干部。
②《马克思恩格斯全集》第3卷，人民出版社1995年版，第579页。
③ 参见《汉书·贾谊传》。
④［德］黑格尔：《精神现象学》，商务印书馆1979年版，第157页。
⑤ 蔡放波：《论政府责任体系的构建》，载《中国行政管理》2004年第4期。
⑥［法］卢梭：《社会契约论》，商务印书馆1980年版，第83页。
⑦［德］康德：《道德形而上学原理》，苗力田译，上海人民出版社1986年版，第8页。
⑧ 参见张康之：《寻找公共行政的伦理视角》，中国人民大学出版社2003年版。
⑨ 国家公务员局：《公务员职业道德培训大纲》，2011年10月17日印发。
⑩ 鸣泽：《责任及其价值》，载《信息网络》2007年第12期。
⑪ 张康之：《公共行政中的责任与信念》，载《中国人民大学学报》2001年第3期。
⑫ 陈业林：《政府道德责任浅论》，载《桂海论丛》2007年第23卷第2期。
⑬ 李乐为：《论社会转型期行政道德责任的缺失及生成机制》，载《湖南社会科学》2009年第3期。
⑭ 参见［德］哈贝马斯：《交往与社会进化》，重庆出版社1989年版。
⑮［美］弗兰肯纳：《道德概观》，转引自车铭洲主编：《现代西方思潮概论》，高等教育出版社2001年版，第354页。

试析中国特色法治反腐文化

文 / 蒋传光 黄伟

习近平总书记在十八届中央纪委第二次全会上强调，“要善于用法治思维和法治方式反对腐败”，“把权力关进制度的笼子里”。党的十八届四中全会决定强调，实现政治清明，必须更好地发挥法治的引领和规范作用。“绝不允许任何人以任何借口任何形式以言代法、以权压法、徇私枉法。必须以规范和约束公权力为重点，加大监督力度”。[①]法治反腐是一个系统性的工程，需要从制度、实践、思想、文化等多方面、全方位地推进。要用制度指引人民法治的方向，指导人民法治的探索；用实践实现人民法治的期盼，积累人民法治的经验；用思想启迪人民法治的意识，开启人民法治的思维；用文化陶冶人民法治的信仰，培养人民法治的情怀。然而，当前“部分社会成员尊法信法守法用法、依法维权意识不强，一些国家工作人员特别是领导干部依法办事观念不强、能力不足，知法犯法、以言代法、以权压法、徇私枉法现象依然存在”。[②]因此，培育和弘扬法治反腐文化、树立法治观念、运用法治思维，使法治成为人们生活的基本方式，在一定程度上比法律制度本身的制定和执行更为重要和长效。这既是反腐败法治化面临的最大考验，也是走法治反腐之路能否成功的关键所在。

一、法治反腐与道德文化的关系

党的十八届四中全会决定强调，“以法治体现道德理念、强化法律对道德建设的促进作用，以道德滋养法治精神、强化道德对法治文化的支撑作用”。[③]这既表明了法治与道德密不可分，法治中必然包含有道德文化因素。包括法治价值、法治精神、法治信仰等的法治文化，既是法治的核心和精髓，又是现代社会道德文化的重要组成部分。

法治与道德文化具有统一性，主要体现在以下几个方面：一是法律与道德的渊源具有共同性。法律的制定与适用很大部分来源于习惯和有意识的禁止某种行为，而道德规范的创制也与之类似。法律规则通常反映一定的道德规范，有些法律规则更直接源于道德规范。二是内部行为与外部行为具有不可分性。“只有动机和外部行为都符合道德规范，才能有道德价值。很难想象一个道德水平低下的社会，人们会自觉和严格遵守法律规则。”[④]三是法律是最低限度的道德。“法律所涉及的是富勒所说的‘义务道德’，即人们必须遵守的道德。所以富勒说，义务道德与法律最接近，它们像堂兄弟”[⑤]。不腐败、要廉洁并不是对官员过高的道德要求，而是必须遵守的底线。四是制度系于道德。“如果法律规范背离了人们普遍认同的道德标准、道德要求，就会失去民众的诚服，在实践中就难以行得通；如果一切都依靠道德，就难以有效制止、制裁那些破坏社会秩序、侵犯公共利益和他人合法权益的行为，也难以促进社会主义精神文明建设，甚至会妨碍公共道德的形成。因此，立法必须重视法律规范的道德基础。”[⑥]五是法具有“内在道德”。法是用规则治理人类的有目的的事业。这一事业要求法必须具有一般性或普遍性，必须公布于众，可预测、可为人遵守，官员的行为必须与已公布的规则一致。这些要求属于“法的内在道德”。它们之所以是“内在的”，是因为它们内含于法的概念之中；之所以是“道德的”，是因为它们提供了评价法律和官员行为的善恶标准。法的原则，如“不得从错误行为中获利”，本身就是道德原则。从“原则”的角度来看，法与道德是统一而不可分割的。在现代社会，忽视法治，反而会使道德水平下降，在一定意义上，法治的加强，也有利于道德水平的提升。

同样，法治反腐也必然包含有道德因素，即包含有法治反腐文化。道德和文化的因素同样也是法治反腐不可分割的部分。公职人员对自身行为的调控，要么出于趋利避害的本性，迫于强力的压迫，这是一种外在的硬约束；要么出于内心对规则和法的认同和自觉遵从，这是一种内在的软约束。法治反腐文化兼具这两方面的功能。法律法规对公职人员行为选择产生强烈的方向引导、规范调整作用，使他们尽可能地依法作为。同时，法治反腐文化也表现出强大的软约束力，从思想深处为他们选择行为模式确定了基调。在法治知识的传播过程中，公职人员和公众对于法治的认同感、亲切感逐步增强，法治意识和法治素质也逐步提升，用法、守法和护法的观念也就逐步内化为他们的个体思想，汇聚为一种社会价值取向。这样人们就会从内心深处认同法治、接受法治，自觉把法治作为行为准则，规范自己的行为。[⑦]法治反腐文化对公职人员的道德要求，不是漫无边际的，也不是脱离实际的一味拔高，而是最基本的道德要求，具有相对确定的范围和可以把握的标准。

此外，法治反腐的文化基础是以商品经济、市场经济为基础，结合现代科学精神建立的理性文化，而不同于以农耕文明和自然经济为基础的身份文化，它是以科学的思想观念及现代的政治道德为内容的文化。就厉行法治来说，科学精神、公民意识、权利和义务观念、平等和自由理念以及社会契约观念等理性文化具有特别重要的作用。[⑧]平等和自由观念以及社会契约的观念等都有利于促进社会主体的平等化，有利于消除专制制度中的特权与等级意识，促进宽松、和谐、进步的社会政治环境和文化氛围的形成，构成了法治实现所必需的良性土壤。

二、中国特色法治反腐文化结构和主体构建

（一）中国特色法治反腐文化结构

探讨中国特色法治反腐文化结构，前提和关键是应厘清中国特色法律文化结构。当代美国文化人类学家克鲁克洪将文化分为显型文化和隐型文化两大结构。他认为，文化包含有形的，也包

含无形的，有形的是显型文化，无形的即隐型文化。[9]法律文化作为人类整体文化的重要组成部分，亦可分为显型结构层面上的法律文化和隐型结构层面上的法律文化两大结构。[10]而隐型结构层面上的法律文化又可以分为三个次级层面：法律心理、法律意识（法律观念）和法律思想；显型结构层面上的法律文化也可以分为三个次级层面：法律法规、法律制度和法律设施。[11]

当代中国法律文化结构现状，明显地体现为隐型层面法律文化与显型层面法律文化的分离。有学者认为，“中国固然制定了不少的法律，但实际上人的价值观念与现行法律是有差距的，而且，情况往往是制度是现代化或近于现代化的，意识则是传统的或更近于传统的”。[12]中国特色的社会主义法治文化的生成，属于一种“后发混合式的模式”。[13]当代中国法治目标虽然自上而下选择成功，依法治国已写入宪法和党代会报告，党的十八届四中全会作出决定，要全面推进依法治国，并已成为共识，但是，法治的实践还比较艰难。努力构建与社会主义显型层面上的法律文化相适应的社会主义隐型层面上的法律文化是中国社会主义法律文化建设的当务之急。[14]当代中国隐型层面法律文化体现为以下三个次级层面：

在法律心理层面，现代法律心理尚未建立，当代中国人普遍的法律心理仍然徘徊在传统法律文化的阴影当中。首先，中国传统法律文化的精神是人治（专制）。在传统中国，法律就是君主统治臣民的工具，传统法律文化实质是一种工具主义文化，同时法律辅助道德教化，要求人们按照礼的规则行事，追求“和合”境界，培育了人们“忍为尚”、“和为贵”的法律心态。然而，和则忍，退则让，让则屈，屈则从，屈从则是非不分。[15]其次，传统法律文化中的等级观念和等级秩序追求与现代法律文化的平等观念和平等秩序追求不相容。最后，传统法律文化重情轻理，这与现代法律文化也不相容。传统中国法律文化遗留下来的宗法伦理中的浓厚的血缘关系溶化了界限较为清晰的法律规则，溶化了人类普遍的抽象的公平、正义和理性。[16]我国的社会主义法治文化建设中必须要处理好这种重情轻理的宗法文化传统，要引导人们重新进行法律价值目标选择，要改变人们对法律的工具性对待，注重挖掘法律的价值，逐步培育人们的法精神和法信仰。[17]

在法律意识层面，法律文化的多样性表现得非常明显。首先，受中国传统法律文化的影响，部分社会主体仍然存在情大于法、权大于法和法律的工具主义观念。其次，自近代开始从西方传入的法律文化对社会主体的法律观念的发展和更新起到了很大的促进作用。再次，苏联的法律文化由于社会主义制度上的共性而为新中国所移植、引进和吸收，其对当今中国的影响仍然存在。最后，占权威地位的社会主义法律文化在法律意识层面上的主要内容表现为：法律权威至上的法治观念、公民在法律面前一律平等的观念、自由与法律相统一的观念等。但需要指出的是，社会主义法律意识并不是所有社会成员都已同时具备或已经形成。现实中，不仅普通民众，不少党员干部的法律权威至上观念也经常被权大于法、情大于法的观念所取代，依言不依法、依权不依法等现象还在大行其道。[18]

在法律思想层面，当代中国既承继着传统社会的法律伦理化的“人治”思想，又吮吸着西方的法律权威至上和“良法主治”的“法治”思想，以及传入中国的苏联的阶级斗争或阶级专政的工具主义法律思想。中国社会主义法律思想在1978年以后，被称为“社会主义法制思想”，党的十五大之后“法制思想”又发展成为“法治思想”，但这种思想的根基并不牢固，仍然处于社会主义初级阶段。[19]

中国特色的法治反腐文化结构与法律文化结构具有类似性，也可以分为显型结构层面和隐型结构层面。而且其建设更具现实性和紧迫性，显型层面的反腐败法律法规、法律制度和法律设施亟须建立健全和完善，隐型结构层面的法治反腐心理、法治反腐意识和法治反腐思想更需培育和弘扬。这已经成为当代中国法治建设和反腐倡廉建设的“瓶颈”。但是，若切实使反腐败走上法治的轨道，特别是实现中国特色法治反腐主体的构建，这也将成为中国特色法治建设和反腐倡廉建设的突破口。

（二）中国特色法治反腐文化主体构建

“动物只是按照它所属的那个种的尺度和需要来构造，而人却懂得按照任何一个种的尺度来进行生产，并且懂得处处都把固有的尺度运用于对象。”[20]英国学者安东尼·吉登斯认为，人是一种反思性的存在，具有一种批判审查的精神。人能自觉地、有意识地把过去、现在和未来联系起来，进行反思。因此，人不是被动地接受过去，而是在不断地否定过去，建构未来，这必然包括一种对现实的批判和扬弃。有学者认为，在中国现代化的过程中，背负着传统的人在社会环境的推动和个人的主观努力下，其现代特征将会逐渐显现，现代素质将不断提高。现代性赋予人们改变世界的力量的同时也在改变人自身。[21]由此，中国特色社会主义建设的过程，也是中国特色社会主义主体构建和完善的过程。在中国特色法治反腐文化中，其主体构建尤为重要。

马克思和恩格斯在《共产党宣言》中分析资产阶级意识形态时指出：“正像你们的法不过是被奉为法律的你们这个阶级的意志一样……而这种意志的内容是由你们这个阶级的物质生活条件来决定的。”[22]当将腐败定义为违反法律制度滥用公权力牟取私利的时候，这种行为所违背的便是统治阶级的意志。因此，反腐败的主体也应当是统治阶级。中国特色法治反腐文化的主体是中国人民和中国共产党。

中国特色反腐败，是中国人民的反腐败，中国特色法治反腐文化的主体，是中国人民。“人民是依法治国的主体和力量源泉”，“法律的权威源自人民的内心拥护和真诚信仰。人民权益要靠法律保障，法律权威要靠人民维护”。[23]然而，当人们的潜意识和无意识中还远离法、轻视法、不信任法，当权大于法、情大于法、依言不依法、依权不依法等还大行其道时，法治反腐主体构建还远未完成。法治反腐主体构建的标志，集中体现为人们普遍信仰法，普遍认为法大于权，权力应当在法治的轨道上运行。所谓法信仰，是指人们对法表现出一种忠诚意识、神圣崇尚、巨大热情和高度信任，它包含社会对法的理性推崇，寄托着现代社会主体对法律的终极关切及法律人的全部理念和情感，它反映人们对法律的尊重态度，由于信服进而遵守法律，用法律来规范自己的行为。[24]康德说过：“人类热爱秩序，所以人类为世界创造了规则，人类本身所具有的法性使人们追求规则、章法、秩序、条理、公道、平恕。对法的真诚信仰使人更加完善，更加符合人的定义，更加体现人的质的规定性，使人更其为人。”[25]当然，人们对法律信仰必须具备两个前提，一是法律自身的正义性，二是法律实施的正义性。人们依靠法律来安排和设计自己的生活，以保障自己获得最大的幸福，并且依靠法律来维护自己的幸福生活。[26]此外，法治反腐文化主体构建，要求实现法律对社会主体的尊重与关怀，促进社会主体的理性解放和人格与人身独立，使社会主体变成自由、平等的权利主体。

中国特色反腐败，是共产党领导下的反腐败，中国特色法治反腐文化的主体，是中国共产党。“依法执政，既要求党依据宪法法律治国理政，也要求党依据党内法规管党治党。”[27]中国特色反腐败的本质，是党的自我净化、自我革新。党坚持立党为公、执政为民，这是党的性质和全心全意为人民服务根本宗旨的集中体现。党始终把实现好、维护好、发展好最广大人民的根本利益作为一切工作的出发点和落脚点。党为广大人民谋利益，而不谋取特殊利益。因此，人民的反腐败和党的反腐败在根本上是一致的。同时，人民反腐败要依靠党的组织与领导，党的反腐败必须依靠人民、为了人民。党必须始终注重加强自身建设，加强自身法治反腐主体构建。坚持党要管党、从严治党，遵守宪法和法律，并加强党内法治建设。正确处理权力与权利、权力与责任的关系，自觉接受人民群众的监督，对权力的行使加以规范和约束。同时，要领导全国人民全面推进依法治国。推进科学立法、严格执法、公正司法、全民守法，坚持依法治国、依法执政、依法行政共同推进，坚持法治国家、法治政府、法治社会一体建设。

三、中国传统法制文化反腐败资源的现代转化

中国是世界上文明发达最早的国家之一，法制文明是中国古代文明的重要构成和明显标志。中国古代法制文明，虽然其在基本价值上诸如人治、工具性和等级特权等方面还需要继续批判，但这种法制文明中仍有许多超越时空、具有普遍价值的因素，要“汲取中华法律文化精华”，“增强法治的道德底蕴”。[28]例如，注重法律的人文精神，强调以人为本，以民为本；善于通过人文精神对社会成员心理和观念世界的整合与引领，来维系和范导整个社会；礼法互补，主张德治与法治并存，强调德主刑辅、明德慎刑；注重法律的教育功能，主张以法为教，强调法律的任务不仅是“禁暴惩奸”，而且要“弘风阐化”，仁义礼乐者，皆出于法；注重治国者、执法者的道德品质以及对国家的责任感和使命感，主张为官者、执法者要清正廉洁，光明正大，发挥以吏为师的榜样作用；注重法律的综合意义，主张对法律和典籍从天理、国法、人情的有机结合上予以解释和注释，法律的实施不能就事论事；注重变法促进，强调通过变法革新来解决社会深层次矛盾，保持社会稳定，推动社会发展等，所有这些无不闪耀着优秀传统法治文化的光芒。

我们要加强法律文化研究，在对中华传统法律文化的丰富资源进行梳理和甄别的基础上，进行现代化的改造和扬弃，把那些能够与科学、理性、民主、自由、公平、人权、和平、秩序、效率为内容的时代精神相容的文化传统融入社会主义法治之中，使中国法治的民族精神和时代精神浑然一体，实现其法与道德的统一、他律与自律的统一、客观与主观的统一。在此基础上，构建具有中国特色的社会主义法治反腐文化。

四、借鉴吸收现代法治和反腐败文明成果

为了取得法治反腐建设的新成就，中国在依靠自我力量积极探索的基础上，还需要在现代法治和反腐败文明成果中汲取营养、挖掘资源，“借鉴国外法治有益经验，但决不照搬外国法治理念和模式”[29]，从而进一步完善腐败治理制度建设。

一是在借鉴吸收中拓宽反腐败的法治视野。世界上没有一种制度模式是完美和不出问题的，各国的腐败治理制度也是如此。立足于国情，中国腐败治理在制度建设层面取得了显著成就，但是我们在强化制度成果自觉自信的同时，还需坚持包容互鉴精神，拓宽制度视野，注重从世界各国汲取制度文明的丰富营养。

二是在借鉴吸收中完善反腐败的法制体系。在与世界各国的互动借鉴中，我们客观地认识到，中国现阶段腐败治理的法规制度尚不够健全，还客观存在着不容忽视的制度困境和制度缺失现象，导致一些腐败分子得以在法律的漏洞和边缘领域恣意横行。当前，中国在不断建立健全各项腐败治理制度中，需要合理借鉴世界各国的制度文明成果，结合中国的政治制度、文化建设、反腐实践等特点，尽快启动《反腐败法》和一系列专项腐败治理法的制定工作。

三是在借鉴吸收中加快反腐败的法治步伐。世界各国腐败治理实践的成功经验证明，将各项腐败治理政策转变为有关的法律法规，不仅可以确保对腐败行为的准确定性和处理结果的公正，而且能使腐败治理的相关制度安排与实际运行获得全体公民的理智认同，进而激发起全体公民对腐败治理的信任、信心和尊重，并愿意为之献身。只有在这样的氛围和基础上，腐败治理行动才能获得真正的、有普遍社会感召力的神圣性，反腐制度和反腐行动深入、持久、有效地开展才能得到真正的保证。[30]借鉴别国的有效经验，中国需加快研究，推进将党的腐败治理政策逐步上升为法律的步伐，这既是因为中国强调依法治国、依法执政，同时，也能将党治理腐败的宗旨、信念、价值在法律中体现出来。[31]

四是在借鉴吸收中夯实反腐败的理论基础。国外反腐败理论及其研究依托一定学科和已有理论的经验和做法值得借鉴。中国特色反腐倡廉理论在构建过程中也应该寻求自己的理论依托。从宏观或基本方法论的层面来说，

这个理论依托就是正在发展中的当代中国的马克思主义，即中国特色社会主义理论体系。以此为依托形成的中国特色反腐倡廉理论应是严密完整的、具有解释力和指导力的。从微观层面来说，国外各种反腐败理论所依托的相关社会科学或自然科学理论，也都可以作为中国特色反腐倡廉理论的必要参考和借鉴。

五是在借鉴吸收中完善反腐败的研究方法。国外一些反腐败理论，注重运用科学方法的做法值得借鉴。中国特色反腐倡廉理论在构建过程中也必须运用科学的方法，做到在逻辑上应当是严密的，在内容上应当是系统的，在形式上应当是规范的；另外，还应当进行一定的实证检验和历史分析，同时也要提出一些有待未来事实或实际数据验证的理论命题。法

（本文作者：蒋传光系上海师范大学教授、博士生导师；黄伟系法学博士、上海市纪律检查委员会干部）

注释：

① 中共中央关于全面推进依法治国若干重大问题的决定 [EB/OL]，http://paper.people.com.cn/rmrb/html/2014-10/29/nw.D110000renmrb_20141029_2-01.htm，2014-11-01。

② 中共中央关于全面推进依法治国若干重大问题的决定 [EB/OL]，http://paper.people.com.cn/rmrb/html/2014-10/29/nw.D110000renmrb_20141029_2-01.htm，2014-11-01。

③ 中共中央关于全面推进依法治国若干重大问题的决定 [EB/OL]，http://paper.people.com.cn/rmrb/html/2014-10/29/nw.D110000renmrb_20141029_2-01.htm，2014-11-01。

④ 张文显：《二十世纪西方法哲学思潮研究》，法律出版社 1996 年版，第 401 页。

⑤ 张文显：《二十世纪西方法哲学思潮研究》，法律出版社 1996 年版，第 405 页。

⑥ 杨景宇：《我国的立法体制、法律体系和立法原则》，载上海市行政法制研究所：《依法行政与法治政府》，法律出版社 2006 年版，第 14~15 页。

⑦ 缪蒂生：《论中国特色社会主义法治文化》，载《中共中央党校学报》2009 年第 4 期。

⑧ 参见付瑜：《中国法治化制约因素的理性分析》，辽宁师范大学 2010 年硕士学位论文。

⑨ 克鲁克洪等：《文化与个人》，高佳等译，浙江人民出版社 1986 年版，第 8 页；转引自刘作翔：《法律文化理论》，商务印书馆 1999 年版，第 113 页。

⑩ 刘作翔：《法律文化理论》，商务印书馆 1999 年版，第 113 页。

⑪ 刘作翔：《法律文化理论》，商务印书馆 1999 年版，第 124 页。

⑫ 梁治平等：《新波斯人信札》，贵州人民出版社 1988 年版，第 101 页。

⑬ 公丕祥：《外部影响与内发力量——中国法制现代化的动因机理》，载韩延龙主编：《法律史论集》（第 1 卷），法律出版社 1998 年版，第 550 页。

⑭ 张波：《论当代中国法律文化的多样性及中国特色法治文化的生成》，载《南京社会科学》2001 年第 11 期。

⑮ 陈云良：《儒家伦理与法治精神》，载《中国法学》2000 年第 5 期。

⑯ 陈云良：《儒家伦理与法治精神》，载《中国法学》2000 年第 5 期。

⑰ 张波：《论当代中国法律文化的多样性及中国特色法治文化的生成》，载《南京社会科学》2001 年第 11 期。

⑱ 张波：《论当代中国法律文化的多样性及中国特色法治文化的生成》，载《南京社会科学》2001 年第 11 期。

⑲ 张波：《论当代中国法律文化的多样性及中国特色法治文化的生成》，载《南京社会科学》2001 年第 11 期。

⑳《马克思恩格斯文集》（第一卷），人民出版社 2009 年版，第 163 页。

㉑ 胡平：《论中国现代化进程中的主体构建》，载《生产力研究》2005 年第 12 期。

㉒《马克思恩格斯文集》（第二卷），人民出版社 2009 年版，第 48 页。

㉓ 中共中央关于全面推进依法治国若干重大问题的决定 [EB/OL]，http://paper.people.com.cn/rmrb/html/2014-10/29/nw.D110000renmrb_20141029_2-01.htm，2014-11-01。

㉔ 孙晓媛：《论构建中国特色的法治文化》，载《广西社会科学》2003 年第 4 期。

㉕ 范忠信：《法学教育是人文教育和信仰教育》，载《中国法律教育研究》2002 年第 1 期。

㉖ 孙晓媛：《论构建中国特色的法治文化》，载《广西社会科学》2003 年第 4 期。

㉗ 中共中央关于全面推进依法治国若干重大问题的决定 [EB/OL]，http://paper.people.com.cn/rmrb/html/2014-10/29/nw.D110000renmrb_20141029_2-01.htm，2014-11-01。

㉘ 中共中央关于全面推进依法治国若干重大问题的决定 [EB/OL]，http://paper.people.com.cn/rmrb/html/2014-10/29/nw.D110000renmrb_20141029_2-01.htm，2014-11-01。

㉙ 中共中央关于全面推进依法治国若干重大问题的决定 [EB/OL]，http://paper.people.com.cn/rmrb/html/2014-10/29/nw.D110000renmrb_20141029_2-01.htm，2014-11-01。

㉚ 参见王昊：《我国防治腐败体系建设研究》，电子科技大学 2006 年硕士学位论文。

㉛ 郝文清等：《跨文化协同：新时期中国腐败治理的重要维度》，载《当代世界与社会主义》2013 年第 3 期。

检察影视作品创作及其发展方向

文 / 吴红梅

我们生活的这个时代是一个文化繁荣的时代。改革开放三十年来，我国经济飞速发展，同时，文化事业也不断繁荣。随着检察工作的不断深化，检察影视艺术也在不断发展，涌现出了一批有影响力的检察影视文学作品，塑造了一批鲜活的检察官艺术形象。

近几年来，我国的电视剧产业发展很快，2012 年全国共创作生产电视剧 506 部 17703 集，比 2011 年增加了 37 部 2761 集，增长幅度达到了 18%，是增长幅度最大的一年。与此同时，电视剧产业发展正在进入追求品质、以质取胜的转型升级阶段。随着我国社会法治进程的不断加快，检察系统作为法治建设的重要环节，其地位、功能越发凸显，对于依法治国、实现社会公平正义发挥着不可替代的作用。检察影视艺术作为社会辐射面较广、观众数较多、影响力较大的艺术形态，正在责无旁贷地传播、弘扬检察机关的典型人物、故事、精神，而检察系统也需要通过检察影视作品来为事业发展凝神聚气，树立信念，塑造形象。

一、检察影视作品的影响力

检察机关反贪部门的工作和反贪侦查员的生活神秘、刺激、紧张，是影视剧天然的好选题。

我国的检察机关作为法律监督机关，是国家司法体系的重要组成部分，承担着法律监督的重要职能，在保障法律正确实施、促进社会公平正义、加速我国法治国家建设等诸多方面发挥着不可替代的重要作用，在审查批捕、起诉、控申、监所、侵权渎职检察，特别是反贪污贿赂等司法环节中，法律都赋予了检察机关重要的职能。近年来，职务犯罪案件向着犯罪领域国际化、犯罪主体多元化、犯罪形式多样化、犯罪手段智能化的方向发展，极大地增加了惩治和查办职务犯罪案件的难度。在此背景下，全国检察机关各级反贪局的侦查人员，凭借对国家法律的忠诚和自身的智慧，查办了大批职务犯罪案件，完成了最高人民检察院交办的一批大案、要案，涌现出了以北京市西城区人民检察院反贪局局长张京文同志为代表的一批优秀侦查员和办案团队，他们的工作和生活经历、办案体会都是很好的影视作品创作素材。

鉴于此，我们认为，以影视为载体，以反贪为主题，通过挖掘整理这些素材，不仅可以塑造一批优秀的检察官形象，还能起到宣传检察机关职能，进而宣传社会主义法治的作用。

我们拥有案件素材资源优势。剧中人物和素材原型，主要来源于近年来包括全国各级检察机关在内涌现的优秀检察人员以及查办的典型职务犯罪案件，经过艺术加工，可将正反两方面的典型人物通过影视剧艺术形象的形式展现出来，突出反映反贪工作人员恪尽职守、公正执法的办案事迹。因职务犯罪案件有案情复杂、调查难度大、调查周期长的特点，我们可以从全国的案例中选取有代表性的若干典型案件为原型，多线索交叉进行创作。

我们熟悉检察题材影视剧创作的规律。我们能够把控选题方向和质量，注重思想性与艺术性的统一、教育性与娱乐性的一致。弘扬主旋律，坚持文艺为政治服务、为时代服务、为大众服务的方向，推进反腐倡廉，推动廉政文化建设，是检察影视人不可推卸的职责。

我们拥有行业宣传优势。检察系统有正义网、检察日报等行业媒体。这些媒体早已与搜狐、新浪、腾讯、网易等网站建立了战略合作关系，可以说，宣传是多方位的。检察题材影视剧在创作、制作和推广的各个阶段，可利用各类渠道，借助各种媒介手段展开多种多样的宣传。宣传形式包括各类媒体新闻宣传、海报宣传、各级电视台推介、行业推广、召集研讨会以及其他市场推广活动等，形成立体、持续、灵活的宣传推广策略体系，使检察题材影视作品从创意、制作到发行等各个阶段都能拥有一个最佳的舆论氛围，达到最优的推广效果。

二、检察影视作品的创作机遇

三十多年来，伴随着改革开放，中国社会经济、政治的飞速发展，大大激发了整个社会对于文化生活的更高需求。在这一需求的刺激下，我国的影视文化市场空前繁荣。伴随着公安、国家安全题材的影视产品大量涌现，越来越凸显了以检察题材为内容的文化产品的匮乏，亟须我们认清形势，瞄准时机，奋起直追，需要我们在面对这一挑战的同时把握这个历史的机会。

开发检察题材的影视文化作品，题材广泛内容丰富。但由于人们对检察机关、检察职能认识上的不足，影响了检察题材影视作品的创作与发展。因而，正需要我们通过电视剧的艺术形式向社会宣传，这既是一种责任，也是对目前市场潜力的充分开掘。

近几年来播出的电视连续剧品种繁多，涌现出了众多题材出众、制作精良、运作成功的影视剧作。其中，主旋律影视剧作凭借其较高的收视率以及在各个电视台的特殊地位和收购价格，更是吸引了众多制作公司的极大关注和投入，也成为各级检察机关拓展宣传手段、增强宣传效果的新途径。

一部优秀影视作品的产生，不仅需要优秀剧本的支持，还要有一个制作和经营力量组成的队伍。自20世纪90年代起，检察系统就直接或参与拍摄了多部检察题材的电视剧。其中包括《中国检察官》、《当代检察官》、《红宝石戒指》、《沉浮》、《主诉检察官》、《火红的杜鹃花》等一系列影视作品。2008年8月制作完成的26集电视连续剧《正义使命》在全国播出，2009年制作的《终极指控》系列电影在央视电影频道播出。《完美指控》、《法庭风暴》等已经完成剧本创作，业已进入操作层面。可以说从策划、编剧、监制，到制片、发行推广、媒体宣传，我们拥有一批优秀的专业人才，他们的工作成果得到了专家和业内人士的认可和好评，尤其是这些影视作品在中央台和全国各省市电视台播出后，也得到了广大观众的较好评价。

大量运作项目的经验表明，只要我们在电影、电视拍摄的各个时期，广纳报刊、广播、电视、网络等媒体对该片进行跟踪报道，从策划立项、剧组成立、演员阵容、后期制作、版权拍卖、播出反响、专家评论等做到循序渐进，无疑将成为人们关注和收视的焦点。通过故事剧情的发展，潜移默化地传播了检察主题的文化内涵，同时也弘扬了投资方企业的文化理念，相应地得到了高利润、低风险的投资回报，可使投资企业实现社会效益和经济效益的双丰收。

可以说，如果整合好资源，会同国内知名编剧、著名导演、一线演员、一流制作团队等组成主要创作班底，大力投入资金，打造出一部精品是没有悬念的。更重要的是，新闻出版广电总局一直十分强调现实题材创作。近几年，现实题材的作品一直在创作播出中占据主导地位，彰显了时代精神和主流价值。表现当代中国现实风貌和时代主流精神的电视剧作品在当前电视剧的生产播出数量上都占一半以上。比如2012年全国卫视黄金时段首播的电视剧就达到了两万多集，其中50%以上是现实题材作品。

但是，这其中有口碑、有影响、有传播力的检察题材优秀作品却处于比较稀缺的状态，这不能不说是一种遗憾。当今社会，广大人民群众深切呼唤倡导惩治贪腐渎职、顺应时代进步的荧屏形象，进而要求影视创作者要以现实主义的手法关注和聚焦检察领域的宝贵题材，以强化法律监督、维护社会公平正义的检察官为创作原型，按照影视特有的艺术规律，旗帜鲜明地弘扬法治精神，栩栩如生地塑造检察系统的时代形象，循序渐进地构建人民检察的核心理念，忠诚、为民、公正、廉洁，展现他们的大忠、大勇、大智慧和高尚情操，彰显他们的敬业精神和职业操守，让更多的检察系统的典型形象通过银幕荧屏被人民群众所熟知。

三、检察影视作品的发展方向

检察影视作品要紧扣时代脉搏，配合依法治国战略，反映反腐成果，为社会提供正能量。

我们的影视作品始终担负着崇高的责任和使命，作为影视队伍的前沿方阵，检察影视艺术创作理应成为营造和谐氛围的生力军。更多的检察题材影视作品应致力于寻觅、挖掘、表现检察队伍中可歌可泣的人物原型和感人事迹，为社会进步不断注入正能量。

（一）塑造感人的反腐勇士，弘扬正义的人物形象

文艺作品特别是影视作品，当然是靠形象塑造，特别是正面人物的塑造来表现主题的。

我国第一部全面反映检察机关依法履行法律监督职能的电视剧《主诉检察官》，塑造了主诉检察官郑磊这一艺术形象。这是一个思维严密、聪明睿智的人物。作品通过审讯犯罪嫌疑人或当庭辩论等环节，表现了郑磊过人的机智和较高的法律素质。作为公诉人，他面对被告、辩护人的种种挑战，需要极强的应变能力，在实实在在的证据面前，还要有“嘴上”功夫。剧中涉及检察机关内部有代表性的基本岗位及其职能的方方面面，实现了艺术与现实的有机结合。

《检察官在行动》是最高人民检察院影视中心倾力打造、立足检察机关主战场、以维护社会公平正义为核心价值观的一档大型周播纪实电视栏目。它纪实，视角独特，以国家和百姓关注、社会影响力大的各类案件为切入点，以大智大勇的检察官为主题，以一波三折的案件侦破为主线，表现了正邪双方心理、价值观的殊死较量，深挖犯罪嫌疑人贪婪和私欲的根源。同时，以社会转型期当事人的生活背景为辅线，从个人、家庭、社会等因素中，层层剖析犯罪嫌疑人堕入罪恶深渊的心路历程，给人以警醒。

（二）把握现实的热点问题，顺应人民的意愿

近年来，社会不公和腐败成为人民群众最关注的热点问题。当今的腐败与反腐败的斗争，就是真善美与假恶丑的斗争这一主题的延续。反腐题材影视剧正是顺应了人们对假恶丑的憎恶、对真善美的追求的心理趋势。

2013年5月25日至26日，由中国检察官文学艺术联合会、中国电视艺术委员会主办，中国检察出版社承办的“呼唤·守望·梦想——检察题材影视作品创作研讨会”在京召开。研讨会回顾了《国家公诉》、《正义的力量》、《大爱无言》等检察题材影视优秀作品。由最高人民检察院政治部宣传部批准立项，中国检察官文学艺术联合会、中国检察出版社、北京市人民检察院等联合摄制的检察题材电视剧《守望正义》的部分剧组人员也出席了研讨会。作为中国检察官文联成立以来第一部开机的电视剧，《守望正义》运用全新的视角呈现了共和国老中青三代检察人的群像。该剧涉及环境污染、国有资产流失、贪污腐败等社会热点话题。关于这部电视剧，最高人民检察院政治部宣传部审查意见中提出：“这部剧是三突出的作品，突出检察主题的职业要素，突出显示影视传播受众的要求，突出主旋律题材的时代审美要求。”这部电视剧的创作是下了功夫的。创作者下基层，进检察院体验生活，特别是最高检政治部宣传部负责同志一遍一遍地审读修改剧本，很多基层检察院都参与了拍摄工作，如延庆、房山、大兴、海淀等基层检察院均给予了

协助和支持。

（三）解析堕落的心路历程，剖析腐败的社会原因

从现实生活中陆续揭露出来的腐败分子的基本情况来看，其中不少人是有过光荣历史的，曾经做过一些好事，或者说曾经是个好干部，也是有水平、有能力的。这些人走向腐败，都有一个渐进的过程。中央电视台 2013 年 4 月 30 日播出的《馨海蝶》是检察系统作者编剧的电影，故事描写了某市富商蒋宏花百万巨资购买了名贵兰花“馨海蝶”。青年员工蔡青平因被蒋宏开除，心有不满而盗窃了“馨海蝶”，后经司法机关依法判处其有期徒刑十年。若干年后检察官徐小文发现，蒋宏斥巨资购买的名贵兰花“馨海蝶”是假货，从而引发对蔡青平案可能错判的质疑。经过不懈调查，徐小文最终查明事实真相，使不构成犯罪的蔡青平重获自由。以此为线索，影片描述了一个好干部是如何蜕变成罪犯帮手的历程和社会根源。

（四）突破题材的表现层面，拓宽作品的视野尺度

随着检察影视剧的增多，模式化的问题暴露了出来。对此，艺术家需要思索新的方式，反腐题材影视剧要想有新的突破，就应该有更宽泛的领域和尺度。

北京市检察机关从 2007 年开始涉足检察题材的电视剧，做出了有益的探索和尝试，先后参与制作了 26 集反贪题材电视剧《正义使命》、公诉题材系列数字电影《身份疑云》、《致命关系》等，2012 年以来策划并运作电影《铁血检魂》、电视剧《完美指控》等。以 30 集电视剧《完美指控》为例，故事成功地塑造了一批真实可信的人民检察官形象。该剧在符合生活真实的原则下，艺术地再现了审查起诉和出庭公诉程序中，公诉人不偏不倚、不枉不纵、刚正不阿的严肃态度和负责精神，是一部优秀的当代悬疑影视题材作品。

拍摄检察题材的影视作品，操作的难度比较大，主要有三个原因：第一，反腐败题材非常敏感。第二，拍摄监督题材类的影视作品，往往会涉及公安和法院。如何在宣扬检察机关依法办案的同时，不损害公安和法院的形象，这个尺度不太好把握。第三，新闻出版广电总局对涉案题材有一些规定，不会安排影片在黄金时间播出，会对创作拍摄的热情产生影响，也会影响到运作。

基于上述认识，我们在探讨要把《生死一线间》拍成什么样的片子的同时，也在考虑如何把这三个问题处理好。如果是纯涉案题材，可能将来不能在黄金档播出；如果是纯监督题材，可能影响到公安、法院的关系。所以，我们确定把这个片子作为中国当代检察官的成长史来拍摄。为了避免在片子里涉及案件，本部电视剧总体展现女检察官在办案过程中的成长过程，以及对民生和社会的认识，通过她的作为，塑造“检魂”，体现出检察官的气场和灵魂。

最高人民检察院影视中心认为：第一，这部片子要拍成一部历史片，至少让广大观众通过这部电视剧能够看到一个优秀的检察官是怎么成长的。第二，要让民众感受到什么是检察官的精神，什么是当代检察官文明的职业内涵。

（五）汇集警匪的观赏元素，叙述曲折的剧情故事

反腐题材影视剧受到观众的欢迎，成为屏幕的热点，还因为这类影视作品具备了警匪片的观赏性元素：剧情紧张，故事曲折，惊险刺激。尤其是用悬疑推进情节的发展，节奏紧凑，注重镜头内在的动作性，强调人物内心的变化犹疑对故事的推进，较好地达到了引人入胜的收视效果。

检察题材的电视剧远称不上经典之作，创作中还有许多不足。但检察题材影视不回避各类复杂的腐败问题和社会矛盾，也不回避社会关注的各类民生问题，以影视语言回应社会上的诸多质疑。检察题材影视可以教育民众自觉抵制腐败，远离腐败；可以消除诸多认识上的误区。譬如“别人捞，我为什么不能？”、“现在社会就这个风气，当官不发财，请我也不来”，等等。以影视语言的形式告诉观众：别羡慕贼吃肉，要看到贼挨打，贪腐者落马最终只是一个时间问题。法

（本文作者系中国法学会法制文学研究会理事、《中国检察官》杂志事业发展部主任）

法治文化建设是企业发展的长效保障

文 / 张永坚

依法治企、诚实守信是企业安身立命之本，也是企业法治文化建设所要追求的核心价值。市场经济是法治经济。企业的权益要靠法律保障，企业应自觉遵循法律的权威。在市场经济条件下，企业必须在法治轨道上运行，必须依法规范自己的行为。

对于企业而言，法律不仅是对企业本身及其内部人员行为的约束，更可以成为市场条件下企业自我保护、深化改革、开拓进取、对外竞争取胜的有力武器，应善加利用。所以，依法治企不仅是为了企业的内部治理和强化企业的内部约束，更是为了企业经营、运转的有效和高效，避免企业走弯路或误入歧途。这关系到企业的生死存亡，更是建立和完善现代企业制度中不可或缺的有机组成部分。而积极有效的企业法治文化则是现代企业制度建设的长效保障，是促进和深化依法治企必不可少的重要内容。

一、法治文化是现代企业文化的核心

企业法治文化是现代企业文化的核心内容和重要组成部分。

随着中国经济向市场化方向的持续深入发展，不断加强培育和发展以依法治企为核心内容的企业法治文化建设，已经成为企业在市场经济条件下求生存、谋发展、参与竞争和日常运行的现实需要。

对于一个企业而言，最重要的是通过追求效益最大化而求生存、谋发展。所以，凡是直接与关乎企业效益和生存状态相关的生产、经营等性质的工作，自然便成为企业领导最关注和最关心的重点，因而总是居于核心地位。然而，在激烈的市场竞争中，如果没有法律的依据和支撑，没有法治文化的保障和引领，企业的行为和经营活动都将处于盲目和不稳定的状态，甚至可能会导致企业的种种努力取得相反的结果。

企业中的部门分工和岗位职责多种多样，但都具有特定的法律内涵。总体而言，企业中的各种业务所解决的是如何做和怎样运行的问题，而与各种业务相对应的法律所解决的则是为何做和如何做好的问题。由于企业的每一个行为都有特定的法律含义，都会引发特定的法律后果，因此，业务和法律两者密不可分，是相互融合的统一体。这也为企业法治文化建设提供了广阔的空间。

在目前的经济转型期，随着中国市场化进程的深入，对企业的监管日益完善，对公司治理的要求越来越高。在现阶段，中国的企业要适应市场化发展的需要，必须转换机制体制，深化改革，建立和完善现代企业制度。企业要实现这种蜕变，必须依靠法律的指引和保障，必须将依法行事变为自觉，这需要企业法治文化为其开拓道路，并提供支持和保障。

提高广大干部员工的法治意识和法治能力，养成依法经营、依法管理、依法办事的良好习惯，对于在竞争激烈的市场条件下的企业而言，已成为起码要求。从这个意义上讲，企业法治文化建设是依法治企和建立与完善现代企业制度中不可或缺的有机组成部分。

二、法治文化应成为全体员工的自觉

“知法于心，守法于行”应该是推行企业法治文化建设的基本要求。文化建设的作用在于习惯的培养和传统的形成，所追求的是造就一种根植于心的素养，以承认约束为前提的自由，从而形成一种潜意识，成为一种不需要别人提醒的自觉和自律。

文化可以立国，可以强企，企业法治文化亦如此。企业法治文化建设的作用和意义绝不仅限于法律对企业的合规、保障作用，或者单纯地为了应对企业可能面对的诉讼麻烦和困扰，以及保障企业领导行为不会因违法违纪而被追究。

在竞争激烈的市场环境中，企业法治文化的作用，是在为企业的活动和行为提供法律支持和保障的同时，为企业培育具有法治思维、法治观念的员工队伍，从而为企业的健康发展提供精神动力和思想保证。法治文化通过与企业日常活动的有机结合，可以使企业自觉地在法治轨道上运行，最大限度地避免或减少企业行为的盲目性，使企业的决策和运行更理性、健康，不走或少走弯路，从而避免法律风险，持续维护和不断提高企业的竞争能力。

企业对法治文化认识所能够达到的自觉程度，在很大程度上受制于企业所处的外部环境状况。因为企业的法治意识都与企业的教训相连，叫作痛定思痛。企业人员脑海中产生的自觉意识，基本都是被外部环境逼出来的，是在逼迫下逐步形成的。

这里所说的外部环境是企业外部的综合因素的集合，其中包括而不限于上级主管部门的要求、社会市场经济结构的形成和发展、行业竞争和企业生存的压力、交易习惯的重塑等。可以说，市场化进程越深入，法治文化建设的重要性就越突出。

由于各企业的行业特点不同，核心业务的性质各异，所需要的法律支持和法律保障的侧重点可能不完全一样。但是，不断丰富和完善依法治企的内涵，持续强化法治文化建设在企业中的地位，对于现在的中国企业而言，是一项共同的现实任务。

因此，法治文化建设应该和企业的法务管理一样，真正融入企业的日常行为、业务运作和各项制度建设之中；而不应游离于企业日常活动和行为之外。依法治企的精神应该渗透到企业的方方面面，体现在企业的全部行为，贯穿于企业运营的始终，成为全体员工的自觉，尤其是高级管理层的自觉，并形成有效的常态化机制。

三、依法治企需高管认可也需制度保障

有这样一种现象，越是在市场中遭遇挫折和风险多的企业，对内部的法务管理越倚重，越重视法治文化建设在企业中的作用。因此，依法治企的水平往往与企业的性质、条件、制度等多种因素有关，但是其中的关键因素则取决于企业高管层的认识水平、决心和实际行动。鉴于此，在目前的形势下，中国企业法治文化建设的核心内容和重点工作，主要是企业各层级的领导者和管理者，特别是高管层法治意识的培养和形成。

企业法治文化建设，得到企业高管层的觉悟和认同后，更需要制度的保障和制度化成果的转化。企业的制度建设、制度保障、制度维护，大到全局，小到本职岗位，应是企业法治建设的追求和使命。这项工作，只有变被迫为自觉，变被动为主动，才有可能逐步地“由必然走向自由”。

依法治企绝不是一句空话。对于国有企业而言，还应处理好国有企业传统与现代企业制度之间的关系，其中包括思想认识的更新、观念和方法的调整、制度的设计和执行、业务流程的再造、对依法合规的坚持，等等。

与推行现代企业制度建设一样，企业的法治文化建设同样需要付出时间、机会、资金等成本。企业中的管理链条可以无限延长，企业则要在效能和效率之间进行取舍，寻找平衡点，既不能粗放，也不应过细和过于复杂，不能为管理而管理，甚至失去了管理的目的性。因此，“以最严的工作标准、最高的工作质量，满足最低的监管要求”应是企业工作中需要坚持和遵循的基本原则。包括法治文化建设在内的任何创新和发展都应建立在这一基础之上。

企业应该树立这样的意识，即在市场经济条件下，真正的捷径只能是依法依规，按规矩行事。只有依法合规、诚信经营，才能走得更稳、更快、更远。

四、与时俱进培育企业法治文化

在现阶段的中国，企业法治文化建设开展得如何，与法务管理在企业中的地位一样，已经成为衡量具体企业现代企业制度完善和成熟程度的一个重要标志。

什么样的企业接受和培育什么样的法治文化，一流企业必然注重领先的法治文化。为了提升企业的竞争力和管理水平，有远见的企业领导会主动自觉地把培育和发展企业的法治文化放到优先和重要的位置。文化认识的差距必将对企业未来的发展产生巨大的潜在影响。

法治文化本身是动态的。中共十八届三中全会对深化国有企业改革的方向作出了明确规定，同时也赋予了企业法治文化建设新的内涵。

深化国企改革，就是要对企业实施市场化改造，让市场在解决资源配置方面起主导作用，改变企业现行的股权结构和资金结构，“健全协调运转、有效制衡的公司法人治理结构”，促使其体制、机制和制度实现创新和改造，提高其生存、竞争和保值增值的能力，规范其经营决策，增强其活力，实现其效益、效率的最大化，使企业真正回归为创造效益和贡献社会的经济实体。

这就意味着传统的国有企业将可能失去已经习惯了的国家垄断地位、国家各种特殊政策的优惠扶持与呵护，将真正置身于激烈竞争的市场之中。这一切，都需要企业了解、熟悉、掌握并遵循市场的游戏规则，即依法行事。企业法治文化建设的作用和重要性，必将凸显和大大提升。

国有企业面临的改革由体制到机制，建立现代企业制度由形似到神似，将是一个异常艰难的渐进过程。促进和加速这个转变过程的催化剂和推动力就是企业法治文化。这是新形势提出的新任务，是中国企业法治文化建设的一项重要的新使命和难得的历史机遇。然而，企业中的法治文化建设不可能一蹴而就，更不是临时性的工作，而是持续渐进地深化，并将伴随企业存在的始终。法

（本文作者系大连海事大学特聘教授、博士生导师，北京大学法学院研究生校外导师，中国政法大学国际法学院兼职教授，中国政法大学中国企业法务管理研究中心研究员）

构建“双微”合璧的微政务格局
——以“@广州公安”为例

文 / 刘艳

近年来，微博、微信等社交自媒体相继兴起并得到蓬勃发展，以公安机关为代表的政府机构纷纷投身其中，相继开通了政务微博和微信，以求占领自媒体宣传高地，实现传播效益最大化。根据全国公安政务微信协作联盟统计，目前，公安机关政务微信注册量约有1200个，其中认证单位约有三分之一。政务微博和微信已成为并行的两大政府机构自媒体形态，成为政府与网民沟通的固定平台。广州市公安局大胆尝试，积极利用微博、微信平台落实中央提出的“加强政府信息公开，回应社会关切”的要求，初步探索出一条“微博发布、微信服务”的“微政务”路子，为政府机关构建“微政务”格局提供了有益借鉴。

一、公安微博的主体功能

在网络社交媒体高度发达、每个人都能成为信息源的今天，几乎任何突发事件都可以在发生后数分钟内被事发现场或周边的人发现并发布在微博等网络媒体上。微博凭借其独有的“碎片化、浅表化、情绪化”传播特性，已成为公众关注和讨论公共事务的公共平台，并在2011年一跃成为中国第一大舆论平台，2012年成为大陆网民获取信息的第一平台。政务微博的大量涌现，是政府机构占领信息发布阵地，建设重大信息通报、突发事件应急管理、和公众沟通的有效渠道的体现。据人民网舆情监测室发布的《2013年新浪政务微博报告》统计，截至2013年10月31日，新浪政务微博总数超过10万，其中公安机关微博约占21%。而据腾讯微博事业部提供的数据显示，截至2013年10月31日，经认证政务微信总数超过3000个，约占认证公众账号的6%。全国公安系统已有26个省级公安机关开通微博，目前，公安政务微博数量在新浪2.4万政务微博中占57%，占据了半壁江山，成为公安机关信息发布、警民沟通的重要渠道，较好地实现了公安自媒体信息发布、舆论引导和形象塑造三大角色功能。

（一）信息发布的作用

广州市公安局于2010年4月29日开通了“@广州公安”新浪微博，是全国较早开通政务微博的公安机关之一，并于2012年11月和2013年8月相继在腾讯、人民网开通了政务官博。在开通地市级微博账号的同时，其还在新浪、腾讯等网站建立了以团委、治安、交警、户政、出入境及各区县分局为主体的政务微博群，在一定程度上实现了以相互支持呼应、扩大影响力和覆盖面为目的的信息传播集群效应，并在一些突发事件的应对和引导工作中发挥了重要作用。2013年，“@广州公安”政务微博在新浪、腾讯、人民网三大微博平台共发布微博26596条。以新浪微博为例，共发布微博11200条，每天约发布博文30条，其中原创9013条，转发2187条，原创与转发比例约为4∶1，出于对政务微博排名等因素的考虑，原创微博内容占了绝对优势。所发布微博的主要内容包括警方打击犯罪等内容的情况通报，突发事件信息处置及进展公布，治安防范提示，政法警务、社会类新闻，警营文化展示，部分在微博上热门的实用知识、休闲类信息等。其中，警方公布的成果、案例、服务信息等内容约3100条，对重大案（事）件或舆情的通报回应类约100条，防范提示类约4500条，这三大类与公安职务相关的内容约占发布总量的68.75%。在传播效果方面，根据新浪微博的数据，“@广州公安”微博全年共被阅读814077829次，被转发评论1582421次，平均每条微博被阅读81035次，被转发评论157次。政务微博作为自媒体，其传播力和影响力已成为公安宣传的重要部分。

（二）舆论引导的作用

在突发事件发生时，政务微博作为可以完整表达公安机关权威声音的自媒体，比任何一种传播渠道都能更快、更迅速、更准确地传播警方权威信息，解答质疑，安抚社会情绪，而不必担心传统媒体报道或口口相传的人际传播带来的信息损耗和谣言滋生的问题。例如，在全国产生影响的2013年“12·15”广州起义路建业大厦火灾事故发生后，“@广州公安”共发布相关微博12条，微博内容包括事故简况、原因和处置进展4条、交通管制等提示性信息2条、高层火灾防范提示4条、消防官兵救助群众事迹2条，相关微博被阅读193万次，转发评论1276次。

（三）形象塑造的作用

在发布信息的同时，“@广州公安”对粉丝发来的私信和“@”留言建立了一套规范的回复和转办机制。据统计，2013年1月至10月，“@广州公安”微博向政务微博单位转办网民私信和“@”发来的咨询、举报、投诉信息共2643件，为网民解答咨询和解决其反映的治安问题。在2013年12月15日建业大厦火灾事故发生后，“@广州公安”于12月16日发布了首条公布火灾基本情况的微博，阅读量达30.7万次，转评量315次；其后发布的展现消防官兵在火灾中救援受困群众的微博的阅读量达25.7万次，转评量412次。

二、公安微信的主要角色

不同于微博信息大范围不定向传播的特点，微信可以把用户分类，然后把信息定向投放给感兴趣的用户，并可以随时查看。而且微信用户之间的沟通也具有隐秘性，不会被第三者看到。这种点对点发送，更加注重一对一、个性化的深度沟通。据腾讯微博事业部提供的数据显示，微信用户目前已达5亿，已开通的公众账号已超200万个。“@广州公安”政务微信开通于2012年11月18日。

（一）为市民提供多元化自助服务，成为全国首家实现综合查询和网办业务的政务微信平台

“@广州公安”政务微信开通初期，借鉴了“@平安肇庆”等政务微信运营模式经验，设置了198条公安主要业务自动答复，建立自动回复口径库，用户在对话界面输入阿拉伯数字指令或是“消防”、“交通”、“护照”、“身份证”等关键词，便能获得涵盖“招警”、“消防”、“交管”、“出入境”、“户政”、“刑事侦查”、“报警投诉”等业务的指引解答。2013年6月，“@广州公安”政务微信与腾讯公司合作，领全国之先，以广州市公安局“警民通”智能手机应用为基础，推出交管、出入境、户政业务的查询办理功能，成为

全国首家实现综合查询和网办业务的政务微信平台。2013年8月5日，微信推出5.0版本，微信公众账号被分为“服务号”和“订阅号”两类，“@广州公安”微信升级为服务号，先后发布了3期应用，开发了路况信息、办事指南、业务查询、网办服务、预约服务、个性定制6大模块及智能交通服务等一批方便市民的应用。截至2013年12月30日，其微信平台交管、出入境、户政业务查询量达286294次，网办业务量达41375件，成功预约业务办理35883次；平均每月咨询、网办、预约量分别达到40899次、5910次和5126次，成为群众“掌上办事”一条便捷渠道。2014年6月6日，“@广州公安”微信服务号改版升级，全新上线，新增1项预约、20项网办，共向市民群众免费提供21项业务查询、5项业务预约服务和21项网办服务。新增“治安业务”、“警方新闻”、“平安地图”、“举报和报警”、“绑定手机号”等按钮和模块，强化警务信息推送、特色功能，为市民提供多元化的“微服务”。

（二）主动为市民提供信息服务，成为践行“用心服务市民”的重要载体

除了自助办事服务外，微信服务号每月可以向关注用户推送1条图文或视频信息（2014年4月调整为每月4条）。升级服务号以来，“@广州公安”推送的微信信息更侧重于市民关注度高、与用户相关性强且形式表达多样化，2013年8月至12月分别发送了食品药品安全、电信诈骗、信用卡犯罪等群众关注的打击成果及防范提示、中秋出行提示、亚冠足球赛决赛呼吁理性观赛的视频公益广告、微友进警营活动召集等内容。其中，2013年8月的银行卡安全图文推送信息发送后5天内的阅读人数和次数分别达到22075人和34152次，11月发送的文明观赛公益视频广告的阅读人数和次数也分别达到17478人和24218次。阅读率约占当时关注用户总数的三分之一，传播效果十分明显。目前，“@广州公安”微信服务号的关注用户达13万余人。其中，广东省地区关注用户数接近98000人，广州地区关注用户数占关注用户总数的75%。日均粉丝增加量达200人，每日接收超过100位关注用户的咨询、举报、投诉消息约160条（不包含通过系统自动回复数量）。在关注用户提出的问题中，以交管、出入境、户政业务咨询占大多数，如“如何通过微信查车辆违章”、“办理港澳通行证再签注的流程”，以及社会治安问题的举报、投诉等。

三、微博、微信各自优势及其局限

无论是政务微博还是政务微信，都是围绕传播、沟通、服务等几大主题，最终落脚于搭建沟通桥梁、构建和谐关系、塑造良好形象的目标。2011年是政务微博发展的“井喷”年，2012年至2013年是政务微信发展的黄金时期。自2012年开始，更多的人开始从“广场式”的微博平台向以“熟人社会”为主的微信平台转移。据中国互联网络信息中心网站2013年12月的数据显示，过去一年内减少使用微博次数的网民比例占22.8%。也有观点认为，新浪微博目前是从2011年和2012年的高峰状态回归到了一个相对平稳的时期。

（一）微博和微信各自的优势

从微博和微信的传播形态与用户需求等来看，微博与微信架构具有各自的优势。微博的大众媒体性质是微信目前难以取代的。特别是2014年3月起相继发生的“昆明火车站暴力恐怖案”、“马航MH370失联事件”等世界瞩目的突发事件，对微博重新成为公共信息汇集、获取、讨论的主要平台，起到了极大的推动作用。微博的媒体性质决定了其以内容为核心，可以在最短的时间内以最快速度向最大范围传播信息，具有传播速度快、损耗率低、无须借助其他媒体的特点，将作为政府机构的一个权威信息发布渠道，在较长时期内稳定存在。而微信是交流平台，关注的是人（即用户），交流、互动、服务是微信平台的价值所在。“@广州公安”在微政务实践中尝试了政务微博的信息发布和政务微信的互动服务并行的架构，以期使公安机关的信息发布与政务服务更好地结合，以政务网站所具有的信息传播、网上办事两大基础性功能，以“双微”合璧的“微政务”的形式实现互联网从静态PC端向移动设备的成功转移。

（二）微政务架构运营的局限和困难

要实现微博发布与微信服务互补的微政务格局，需要高层的重视、推动和一系列运营机制以及团队的支撑。微博要实现有效的信息发布，特别是在发生重大事件或危机时发挥协助应对的功能，政府机关需要有一套成熟的新闻发布和舆情应对机制，才能在最短的时间内迅速调动资源，形成发布口径，及时在微博上公布并传播扩散，抢占话语权。微信要实现服务功能门槛则更高，需要政府机构平台数据交互、对微信功能进行二次开发的技术能力或委托开发的财政能力，以及允许开放数据端口的政策权限，而这一切都与决策层的支持与否密切相关。“@广州公安”近两年来的政务微博、微信实现了跨越式的发展，与决策层对新型警务模式的高度重视和前瞻性思维是分不开的。除了政府机构自身的条件限制，由于政务微博和微信都只是商业公司开发的社交产品的一个用户，因此要受制于开发方制定的游戏规则。如腾讯公司为避免公众平台对关注用户频繁发送信息造成骚扰，相继出台了“订阅号推送信息不再有抵达提醒及可视化显示”、“超过48小时未互动，公众微信平台将不能再主动向关注用户发送信息”、“在朋友圈分享的信息中不能查看公众号信息”等规则，其规避大范围的信息传递对用户造成骚扰的去媒体化倾向十分明显，这给政务微信与关注用户之间的互动造成了障碍。如一些投诉、情况反映类的留言需要时间调查，可一旦超过48小时用户又未主动发送信息，则没有办法再进行回复反馈，容易使政务微信在误会中“被失信”。

四、积极发展微博、微信微政务平台的建议

结合“@广州公安”微政务发展的轨迹和目前微博、微信发展趋势的评估，政府必须大力发展以政务微博、微信为代表的微政务平台。

（一）超前思维，科学规划

未开通微博、微信的政府机构应结合本机关职能、发展方向，对开通的必要性和后续运营能力等方面进行统筹规划和评估预测，评估内容可包括：根据自身职能和服务管理对象的范围，是否需要建立与公众沟通的自媒体平台；如果建立，由哪个部门负责经营，有没有专门的人力、物力可以投入开发建设和后续维护等。而对已开通微博、微信的部门则应对目前的运营现状和发展趋势进行总结、预测，进一步找准定位，明确受众群体，根据本部门政务微博、微信的功能及近期、中期甚至更长远的目标，及时调整发展策略，使微政务工作开展可以有据可依，有序进行，从而避免盲目上马,沦为“僵尸”（政务微博、微信不发布信息）。

（二）机制团队，双重保障

微政务作为政府机构在新型社交媒体上的具体表现形式，是以实现信息发布、舆情应对、危机公关和管理服务等政府职能为目的的。因此，要做好微政务工作，完善各项工作机制尤为重要。此外，运营团队的保障也是成功运营微政务平台的必要条件。就全国公安系统而言，政务微博、微信分别放在宣传、网监、指挥等不同部门，有的只有一个民警或工作人员兼职管理员，致使其疲于奔命，无法对微政务平台进行有效管理和警民互动，更谈不上长远的统筹规划了。因此，微博、微信均需要全职工作人员，而且要熟悉互联网，思维灵活，最好具有一定的文字功底和美术编辑能力。

（三）重视互动，立信于民

微政务依托的是社交类媒体，社交类媒体的一个根本属性就是互动性。曾有政府机构因关闭微博、微信接收评论、留言或私信的功能而饱受网民和媒体诟病。要有效解决网民通过“微”途径向政府反映的诉求，需要一套科学、顺畅的流转、反馈工作机制，从接收到传达到落实再到答复或解决，每一个环节都要有专人跟进、督办、落实，并有相应的责任制度进行保障，否则微政务的互动功能就将流于形式，失信于民。正视并充分重视网民通过微政务渠道反映的诉求并积极予以协调解决，才能够促进微政务的长远发展，构建和谐政民关系。法

（本文作者单位：广州市公安局）

开春感怀（外一首）

马凯

党的十八大闭幕后开局百日，做“八项规定”，反舌尖浪费，忌空谈误国，倡实干兴邦。人心凝聚，群情振奋，感慨系之。

龙腾播瑞雪，蛇舞报春晖。
阵阵清风劲，拳拳暖气吹。
空雷天旷废，润雨地芳菲。
梅领千枝放，秋来好梦归。

雪日读书有感

踏雪独开路，约梅共探春。
寒风添傲骨，飞絮长精神。
几度曾无径，豁然又一村。
但闻香细语，醉了觅花人。

消防战士的心语

石英

最不喜欢听的字眼是“火”
最能调动神经线的也是“火”字
最爱读的小说章节是赤壁火攻
最感快慰的是扑灭了居民楼的灭顶之灾

同样是山，在不同场合
爱憎反应却截然不同
在井冈山最爱听讲“星火燎原”
在兴安岭山林最忌讳驴友野炊

最感念人类先祖燧人氏钻木取火
最理想的是“水火无情”终于我辈
如果说成也是火，败也是火
那我就乐于担当利弊之间的裁判和掌控者

解佩令·民警夜巡

谢长虹

春寒也好，秋寒也好，盼今宵、能眠才好。警事频仍，迤逦时、鬓斑人老。奈人间、不平未了。春来先晓，秋来先晓，最难挨、北风呼啸。抱冷提枪，几度巡、短长街道。有丹心、月来时照。

查案夜归

陈春明

身挂征尘踏夜阑，晨风无语下琅玕。
家门欲扣忽停手，恐扰妻儿睡梦甜。

孩子，让我们牵起你的手

文 / 张敏

站在我们对面的他，圆圆的脸，个头较高，长得很敦实，看起来像是二十多岁的小伙子，但嘴角边的绒毛和略有点儿怯怯的眼神告诉我，他还是一个孩子。可是在他的脸上，我却找不到同龄孩子应有的阳光、稚气和希望。他漠然、迟钝、机械地回答着检察官的问话，就像在说一件极其平常的事情。

因为他的监护人缺席，我作为人民监督员被特邀听审，平生第一次坐在了看守所的提审室，第一次面对一个隔着铁窗的不满十八岁的少年。翻开卷宗，案件并不复杂，该少年因为生活拮据，入室偷盗八千多元。而复杂的是他的经历：还在襁褓之中时，生母没待他满月就扔下他走了，从此再也没有音讯。"母亲"这个概念对他来说是模糊的。父亲到处打工，一个人拉扯他长大。但他却因缺少关爱与管教一步步滑向泥潭。可悲的是，他根本就不知道自己会渐渐走向罪恶的边缘。十四岁辍学，整日在街上游荡；十五岁因为偷盗，被送往省未成年犯管教所管教一年；十六岁到汽修厂当学徒，没有工资，每月只有一百五十元的生活费。年关将近，他又忍不住翻进了孤寡老人的家里，结果春节还没结束就到了这里。

"衣服穿得够不够？生活上还好吧？"办案的王检察官关心地问道。

"好。"

"你爸爸来看过你没有？"谈话继续着。

"没有。"

"我们给你爸爸打过电话了，他很关心你，只是你太伤他的心了，所以他不愿见你，但还是恳请我们多帮帮你。你要接受教训，知道吗？"

"嗯。"

……

这是审讯之后的对话。

审讯后，检察院的同志并没有急着离开，而是和他谈起了家常。我也很好奇：难道小小年纪他的心就变得这样冷漠吗？我和他聊起了从小带他长大的奶奶，以及被他入室盗窃的那位孤寡老人的情况。他总是听得多，说得少。他的双手在不知所措地搓动着，我仿佛看到了他内心的纠结和愧疚。

“我知道你也想母亲，小时候也在被子里哭过。你也恨过母亲，在你的印象中只有一个母亲的概念，却没有对妈妈的印象。但是你的奶奶、你的爸爸为你倾尽了所有，你的两个姑姑也在关心着你，你身上穿的、用的都是他们送的。他们只是不知道怎样来表达对你的又爱又恨。其实我们都知道你心里也苦……”我慢慢说着，他不再说话，但是我看到他的眼角涌出了点点泪花。

走出看守所，我的心是沉重的，只是想起他眼角的泪花，我才轻松一点儿。是的，男儿有泪不轻弹，有眼泪就有希望。我终于明白了检察官为什么要邀请我来，作为县人大代表，我不止一次向社会各界提出了关爱留守孩子、关爱问题少年的呼吁和建议，而今天的听审更让我感受到了作为一名人民监督员、一位教育工作者肩头所担负的责任。

“王检察官，你今天让我看到了你作为一个母亲的另一面。我想象的提审是严肃而冷峻的，但是你今天温柔得就像孩子的妈妈。”我赞赏地笑着对同来的王检察官说。

“不，今天要感谢你，还是你们和孩子打的交道多。对于未成年人，检察机关的职能要求我们寓教于审，感化挽救，要采取多种形式的帮教做好青少年维权工作。我们成立了未成年人犯罪刑事检察办公室，我还看了很多心理方面的书，工作需要嘛。书上说对未成年人最重要的一条就是要有爱心、有耐心，我们做得还远远不够呢！这不，今儿专门请你这位专家来交流啊……”

说实话，专家我是谈不上的，我只是一名教育工作者。从教二十年来，每每看到那些流落街头的问题少年，我都痛心地感到学校教育的局限性。学校、家庭、社会三者教育的融合，才能让孩子健康成长。而让我感到欣慰的是，在担任两年人民监督员的日子里，我看到了更多的正能量正加入对青少年进行教育引导模式的创建之中。春风化雨的学校教育是心灵的滋润，而扬鞭催策的法律，更会让每一位少年因敬畏之心而规范自己的行为。

冬日的街上人来人往。走在返校的路上，我想起了那次李检察官到学校开展法制讲座时，学生踊跃上台发言的情景；想起了今年夏天和检察官一道去学校走访曾经附条件不起诉的少年张某时，他满头大汗地从篮球场跑过来时带着的满脸微笑；想起了上次在检察院的特邀座谈会上，妇联、共青团、安监局、司法局、社区代表们关于保护未成年人的热烈讨论……

孩子，让我们牵起你的手，加快脚步，向前，坚定地走下去。

让太阳冲破阴霾，充满希望，散发光芒！法

（本文作者系湖北省京山县人大代表、人民检察监督员、县实验中学教师）

让微行动在法治文化中起舞

文 / 何能高

法治文化，博大精深。作为一个法律人，我们时刻关注着我国法治文化的发展与进步，时刻感受着法治文化的精妙与力量。

我常常思索，什么是法治文化呢？是法治的符号，还是公平正义的成果？是法律制度的结晶，还是法律文化的总称？是法治建设的内核、外化，还是同法治有关的一切文明？也许，一切的定义都是抽象的、空洞的。作为一名法律人，在我眼中，法治文化就是和尊法、学法、用法、守法以及立法、执法、司法等一切法治有关的文明、文化；作为一名文学爱好者，我认为法治文化就是和法治有关的作品和艺术成果。

近年来，随着互联网的迅猛发展，新媒体的发展突飞猛进。法治文化立足于波澜壮阔的时代大潮中，同时也在时空的隧道中留下了星星点点的印记。因为工作、生活在这个时代，我在大大小小、无孔不入的信息"炸弹"中，在新旧媒体各种信息的漫天飞舞中，见证了许多重大的法治事件，经历了许多重要的人生历程，品味了许多优秀的法治文化成果。对于法治文化的微言大义，我甘之如饴。也因为这细小的、润物无声的法治文化，使我们有了微妙的思考以及勇往直前的微行动。

我想，在法治大潮急促、深沉、不可阻挡的脚步声中，我们应当以什么样的心情来迎接法治的春天？我们应当以什么样的作为来丰富、来发展、来品味日益蓬勃的法治文化？

也许，歌唱是一种方式。我们愿意在法治的春天里唱着有关法治文化的劲歌。

也许，舞蹈是一种方式。我们愿意在法治的舞台上，张开我们的双臂，丰富和创造五彩缤纷的法治文化；我们愿意在法治的舞台上，迈开我们的双脚，把法治的文化舞动起来。

我们生活在一个发展迅速、众多文化风起云涌的大世界。我们的眼里，可以看到古今中外的文化元素；我们的心里，可以装下纵横交错的文化格局。与此同时，我们又生活在一个以小见大、见微知著的社会，我们的眼里，有微风飘荡的风景，有"微雨燕双飞"的诗意，更有以微笑面对挑战、面对世界、面对人生的境界。无论我们的心里有多少酸甜苦辣，无论我们的肩上有多少重担，我们都会在法治文化的驱动下、鼓舞下，铁肩担道义。

我们写吧！当多彩的法治文化开始弥漫在我们心中的时候，我们要义无反顾地拿起我们的笔，为中国的法治文化鼓与呼，为中国的法治文化书和写。我希望，在一个海纳百川的年代，我们中国的法治文化，能向着高远的方向，纵横地驰骋。而作为一名法律人，我希望我能以或大或小的、或多或少的努力，甚至以微小的声音，表达出我们对法治大时代的歌与吟；以独特的微行动，作出推动法治进步的微贡献。

或许，我的微言，微不足道。但是，我始终相信，我们今天所表达的微言，将会是法治大时代的五音；我们今天所书写的微文，将传递出法治时代的大义。

多彩的法治文化，我们品味着；多样的法治文化，我们创造着。我们以中国人特有的文化积淀、文化特质，在世界的文化大潮中，起舞、冲浪、飞翔…… 法

（本文作者系北航法学院民商法博士、最高人民法院新闻局新闻处长）

法国警察印象

文／郭强

去年年底，我们赴法警务技能战术培训团一行二十三人，带着初次踏上异域的向往和憧憬，开始了与法国同人二十余天的学习、交流旅程。

初冬的巴黎，空气清新，令人心旷神怡。这座享誉世界的历史名城，既拥有有着厚重文化底蕴的建筑，又充满了生命的活力和浪漫的风情，人文景观与自然风光相互协调，融为一体。法国警察的踏实敬业、含蓄幽默，与那里的人文环境不无关系。

法国的社会治安管理力量层次较多，主要由警察和宪兵共同承担。警察管理大中城市，宪兵负责维护小城镇和乡村的社会治安秩序。一些城市还设立了市政警察。市政警察是由这个城市根据其交通和社会治安状况来确定的警察种类，直接听命于市长和市政议会。此外，法国还设有合同制的警方安全助理，个体总计服务期限不能超过六年，安全助理可以在工作期限内通过考试成为警察。据统计，约有半数安全助理能够最终成为警察。法国警力来源的多元化，值得我们学习借鉴。

位于里昂市的法国高级警察学院专门负责培训中高级警官，副校长玛利亚介绍说，法国的招警考试，与其他公务人员相比，是淘汰率最高的。从警监、警官到普通警员，都是通过考试任用，形成了"逢进必考、晋升必考"和开放式、竞争性的招录晋升机制。不同衔级的警察具有不同的能力素质要求，无论哪个衔级的警察都公开对外招募，并通过内部相应的竞争性考试择优录用，外部招录和内部晋升的职位各占一半。这样既能创造条件吸引社会人才加入警察队伍，补充新鲜血液，又能畅通内部人员晋升渠道，激发队伍活力。在考试内容方面，采取书面考试与口试相结合的形式，重点考察社会知识和法律的掌握情况，同时要求至少要会一门外语。警察在岗位工作满四年后，会得到晋升机会或被交流到其他岗位，以保持警察队伍的活力和积极性。

法国警察贴近实战的培训令人耳目一新。他们认为，警察不仅需要强壮的体格和娴熟的战术，还需要丰富的经验和准确的判断力。比如，在处置大型骚乱的现场，不仅需要拿着盾牌进行阻止、防御的警察，更需要分析、判断和掌控局势的谈判专家。他们建有一整套行之有效的培训体系，强调针对性，注重实效，严格刻苦。他们的培训工作更侧重于实战，在培训伊始就确定了培训对象的工作岗位，一般是经过一个阶段的学习后，就要到实际部门去实践，这样反复进行三四次才能毕业。我所见到的法国防暴警察的培训，场地非常简陋，更像是一个很大的车库，门窗都不完整。即便如此，在此培训的警察都很认真刻苦、一丝不苟，常常训练到汗流浃背。法国的每名警察除常规培训外，还要结合警种特点和工作需要接受专业培训。为了使受训警察适应多种环境，他们并不固定场地，训练场所往往就地取材，现场模拟解救人质、追捕持枪逃犯等战术，让受训警察始终对训练环境有一种陌生感、新鲜感，以提高他们适应各种环境和对复杂问题的应变能力。

法国很多警察局的会议室都悬挂有牺牲警察的照片和简要事迹。虽然我不能准确读懂那些字面的含义，但却能切身感受到那份缅怀与激励。法国警察的忠于职守、踏实能干令我印象极深，他们的奉献与进取使他们赢得了社会民众的信赖与支持。法国良好的社会治安秩序得益于警察较高的素质，更有赖于强大的巡逻防控力量。他们最大限度地把警力摆在街面上，编织城市动态控制网络，快速反应能力很强。在市区的任何地方，警察接警后均可保证在七分钟内赶到现场。他们还充分依靠社会力量管理社会治安，大力节省了警力，使警方能够抽出更多警力去处理更重要的警务活动，社会联动机制在处置重大治安问题和日常接处警中得到了很好的运用。每名警察都随身携带样式统一的执法袖标，遇有紧急情况时，能够第一时间佩戴袖标投入战斗。

法国警察在预防犯罪、提供法律援助、确保民众安全上也下足了功夫。他们注重与政府、官员、专家、社区民众等各层面的沟通，开展经常性的公关与协调，把警察工作置于社会之中，以便更好地开展工作。在法培训期间，尼姆市警察局正开展一项"放心去度假"行动，即民众将出行需求告知警方，警方会加强重点防护，确保不发生偷盗案件，让民众离家在外也能够放心。法

（本文作者系河北省衡水市公安局副局长）

剧情简介：电影《反贪风暴》依据香港真实重大贪腐案件改编，以香港廉政公署打击犯罪为故事内核，讲述了陆志廉领导的香港廉政公署在接到对黄文彬警官的贪污指控后对其展开调查，经过一番抽丝剥茧的侦查之后，却发现了一个更大的贪腐案件，而如果不能及时处理，将引发一场毁灭性的金融风暴。就此，一场肩负挽救香港重大使命、空前的反贪风暴滚滚而来。

导演：林德禄

主演：古天乐 林家栋 陈静 卢海鹏 姜皓文

上映时间：2014 年 8 月 16 日

斩断欲望的木偶

文 / 新村

香港廉政公署，这个对港岛各界来说如雷贯耳的名词，让许多贪腐人员闻风丧胆。而香港廉政公署的咖啡在某些人士的眼里，更是比世界上任何一款饮料都让人难以下咽。没错，这就是香港的廉政公署（Independent Commission Against Corruption，简称“ICAC”）。作为香港政府的重要机构，香港廉政公署经常针对不同发展阶段中出现的社会突出问题，将一些经典案例搬上银幕，成为公众反腐倡廉教育的重要组成部分。

由香港导演林德禄执导、古天乐等人主演的《反贪风暴》是 2014 年的一部电影力作。该片依据香港真实重大贪腐案件改编，讲述了由陆志廉带队的香港廉政公署接到了一项针对黄文彬警官的贪污指控，随着案情发展，更牵扯出了一个资产高达数百亿的基金骗局，足以引发一场让香港经济倒退五十年的金融风暴。

“暴食、贪婪、懒惰、嫉妒、骄傲、淫欲、愤怒”——是天主教教义中的人性七宗罪，而此片将其中的“性、命、钱、欲、权”五方面刻画得淋漓尽致。

安莹的“性”、罗德永的“命”、胡志勇的“钱”、黄文彬的“欲”、陆志廉的“权”，似乎每个人都无法逃脱人性中最黑暗的那一部分。

安莹在生命垂危之际，获得了胡志勇的捐助，得以重生。她心存感恩，却不料被恩人利用，成为性贿赂的棋子。她错爱恩人，却丧失了最珍贵的东西——贞操。

罗德永被称为香港注册会计师界的教父，身处上流社会，曾经和老搭档一起叱咤香港商界。如果不是涉及洗钱，老搭档不会弃他而去，更不会因举报他犯罪而暗遭迫害。当他一次次地丧失职业操守，为犯罪分子铺平道路时，他却离死亡越来越近。在职业操守和金钱面前，罗德永抛弃了职业操守，换来的却是命丧黄泉。

胡志勇是一名高级律师，可他却知法犯法，用金钱甚至“桃色诱惑”贿赂公职人员，并以此来威胁他们为“Z 基金”上市扫清一切障碍。狡猾的胡志勇正是利用了人性中最阴暗的那一部分，一手牵着情色，一手握着金钱，使那些为他卖命的腐败分子乖乖地成为其手中的木偶，任其摆弄，毫无招架之力，动弹不得。

可以说，胡志勇代表的就是那些为滋养腐败而存在的“皮条客”，他们游弋于公职人员和利益集团之间，为“客户”办事，进行权钱交易、钱钱交易，甚至权色交易。而黄文彬便是其中的一个木偶。

权和利永远不是两个相对的绝缘体，它们往往互相吸引、互相利用，在有限的空间内，最大限度地靠在一起。这时，腐蚀便开始蔓延开来。

黄文彬——警队的明日之星，位居商业犯罪调查科警司一职。贪欲、淫欲，这欲字当头的警司逐渐迷失了人生的方向。看似恩爱夫妻，却暴力相向；看似正义凛然，却暗度陈仓。在钱、色的深度诱惑下，黄警司折断了最后一根稻草，为罪恶卖命，为犯罪铺路。

所有人都成为欲望的木偶。他们在那些黑暗势力的操纵下，演绎着侵蚀社会、侵蚀人性的游戏。

而与其势不两立的，便是香港廉政公署的陆志廉。影片中，黄文彬和陆志廉每一场对手戏都火药味十足、敌我不容，将香港的警廉矛盾彰显得非常清晰。

香港廉政公署曾经是警队的一部分，但正是由于二者之间“你我不分”，导致廉署无法正常运作，甚至对警队的贪腐睁一只眼闭一只眼。因此，1974 年 2 月 14 日，香港政府成立了一支独立于行政部门、直接向香港最高行政长官负责、不受任何政治干扰的队伍——香港廉政公署。

正所谓乱世用重典。四十年来，香港廉政公署调查案件超过十万件，其中不乏轰动一时的大案。其独立性、公正性、公信力，在其四十年的发展历史中，得到了非常高的赞誉。正是源于香港法治社会的高度文明，成就了香港廉政公署如此广泛的知晓率和美誉度。

作为香港廉政公署的廉政专

员，陆志廉本是代表与腐败斗争的正能量。可是，正在他为“Z基金”案拼命调查时，却受到了其上司的暗中调查。也许，这正是法治力量的体现吧！无论是调查者，或是被调查者，都存在于这个纷乱复杂的奢华中，谁都不敢保证自己是干净的，谁都想试图证明自己的清白。

虽然影片中的某些桥段略显夸张，但面对长官的压力，香港廉政公署的廉政专员仍旧保持独立办案，这不禁让人感叹香港法治环境的纯净。坦白地说，如果最后那个挡刀的不是手机的话，那么此片在展现香港廉政公署作为上堪称完美。看来，无论多么令人赞许的反腐体制，都难免演绎出一些让英雄流血又流泪的悲歌。法

（本文作者单位：上海市浦东新区检察院）

诸葛亮的治国之道

千古贤相诸葛亮励精图治治蜀二十年，使得“国贫民虚，地处孤绝”的蜀汉上下“吏不容奸，人怀自厉，道不拾遗，强不侵弱，风化肃然”。如此卓越的政绩与他“科教严明，厉行法治”的治政思想是密不可分的。

建安十九年，刘备平定成都后，封诸葛亮为军师将军，署左将军府事，管理益州政务。原益州牧刘璋“性宽柔，无威略，东州人侵暴旧民，璋不能禁，政令多阙，益州颇怨”（《三国志·蜀书·刘璋传》），一直奉行汉末以来的腐朽政治，所辖境内刑法律令松弛倾废，豪强士族肆虐妄为，黎民百姓怨声载道。

诸葛亮入蜀后厉行法治，采取以严济宽、以猛纠弘的强硬手段，严厉打击豪强士族势力，坚决维护法令律制的权威，使益州的官风民气大为改观，社会秩序迅速稳定，但这同时也招来了一些守旧势力的非议和责难。为此，当时的蜀郡太守法正劝告诸葛亮说：“昔高祖入关，约法三章，秦民知德。今君假借威力，跨据一州，初有其国，未垂惠抚；且客主之义，宜相降下，愿缓刑驰禁以慰其望”（《三国志·蜀书·法正传》），法正欲以汉高祖刘邦入关后刑法宽简使秦人感恩的史例，劝说诸葛亮降低要求，放宽刑法，以安定民心。

诸葛亮并未采纳法正的意见而宽刑省法，他在《答法正书》中依理反驳道：“君知其一，未知其二。秦以无道，政苛民怨，匹夫大呼，天下土崩；高祖因之，可以弘济。刘璋暗弱，自焉已（以）来，有累世之恩，文法羁縻，互相承奉，德政不举，威刑不肃。蜀土人士，专权自恣，君臣之道，渐以陵替。宠之以位，位极则贱；顺之以恩，恩竭则慢。所以致弊，实由于此。吾今威之以法，法行则知恩；限之以爵，爵加则知荣。荣恩并济，上下有节，为治之要，于斯而著。”意即：理政治国不可滥施小恩小惠，用职位去恩宠下级，等到无高位可给时他们就会渐生轻视；用恩惠去笼络下级，等到无恩可施时他们就会滋生慢怠，此乃为弊政症结之所在。如果用严峻的刑法去震慑下级，待法令贯彻之后，他们就会知道什么是恩德；严格限制封赏官爵，一旦加官晋爵，他们就会懂得什么是荣耀。恩荣并用，互为补充，上级与下级之间就有了秩序，治理国家的要领就体现于此。所以他坚持“治乱世用重典”（《礼记·周礼》），采取严刑峻法、恩威并济的措施来革新政治、纠正时弊。

为确保有法可依，诸葛亮与法正、刘巴、伊籍等人共同制定《蜀科》，作为一国的法度，坚决实行由“人治”过渡到“法治”的方略，通过一系列法律条文来规范社会秩序、约束道德行为，达到震慑人心、劝善规恶的目的。此外，他还反复对官吏进行教导，“作八务、七戒、六恐、五惧，皆有条章，以训厉臣子”（《三国志·蜀书·诸葛亮传》注引《魏氏春秋》），要求执法者居官守法，“慎独”其身，执法尚严，除恶务尽，以期实现长治久安。

诸葛亮强调“爵不可以无功取，刑不可以贵势免”，而不讲封建王朝“刑不上大夫”之类偏袒贵官的“传统”。与诸葛亮同为托孤重臣的中都护李严，恣意矫旨贻误战机，诸葛亮立即上书请将其废黜流放梓潼郡。出身名门又是东宫旧臣的将军来敏，年老狂勃口出不逊，诸葛亮毫不避讳地罢免了他的官职，让他“闭门思愆”（《三国志·蜀书·来敏传》）。

对于人民大众，诸葛亮一改施法者的强硬面孔，采取“用心平而劝戒明”的施法策略。“用心平”是指诸葛亮人品公正亮直，“心如秤，不能为人轻重”（《诸葛亮集·杂言》），坚持法律面前人人平等，“赏不遗远，刑不阿贵”，执法公允无私，使民众心悦诚服。“劝戒明”则是说诸葛亮不过分崇拜法律，视之为万能，而只将法律当作一种维护社会秩序的手段。他反复强调“教令为先，诛罚为后”（《诸葛亮集·便宜十六策·教令第十三》），竭力反对不教而诛，声明不是为法加于人而法，而是注重防患于未然。他“示仪轨，从权制”，积极对民众进行普法宣传教育，鼓励并引导臣民学法、知法、懂法、用法，以避免犯罪。

为了给后主刘禅增强法制观念，诸葛亮亲自为他抄写《申子》、《韩非子》、《管子》等法家经典。并在《出师表》中说：“宫中府中，俱为一体，陟罚臧否，不宜异同。若有作奸犯科及为忠善者，宜付有司论其刑赏，以昭陛下平明之理”，规谏刘禅执法应客观公允，奖惩须一视同仁，不得徇私枉法。另指出倘若“以私为公”、赏罚不均，就会使“人有二心”，威胁到国家政权。

诸葛亮虽位极人臣、功高如山，仍守身甚正、律己甚严。他对亲属故旧毫无偏袒、一视同仁，知道侄儿诸葛恪禀性疏陋难担大任，主动要求将其调离；至交马谡违反节度，造成街亭失守，他力排众议，指出“制胜于天下者，用法明也”（《诸葛亮集·论斩马谡》），依法将其处斩。他为官清廉，不贪不奢，生前“资仰于官，不自治生”，“蓄财无余，妾无副服”；及卒，遗命葬定军山，丧事从俭。他每欲责人者，即躬为表率，街亭战后，他除斩马谡、杀李盛、废黄袭外，更上《街亭自贬疏》，检查自己做主帅“不能训章明法”、“授任无才”、“明不知人、恤事多暗”的过错，自请贬官三级，并将之公布于天下。襟怀坦荡、不矜己过之高风亮节令人肃然起敬。

诸葛亮虽责人以严，但仍待人以诚，对犯人家属绝不施行牵连，不带有任何歧视。前文提到的李严被罢黜后，他的儿子李丰仍留在丞相府做官，继续受到信任和重用。诸葛亮还经常教育他，希望他能够正确对待他父亲的问题，积极进取，努力工作。

对犯过的人，诸葛亮也非全加严惩，而是结合其认罪态度和悔改表现妥为论处。如在李严的问题上，他就曾对李丰说：“若都护思负一意，君可与公琰推心从事者，否可复通，逝可复还也”（《诸葛亮集·与李丰教》），表示李严若诚恳服罪改过，允许其重新复职。又如车骑将军刘琰与前军师魏延不和，言语虚诞，诸葛亮责罚他，琰向亮谢罪，亮见琰有悔改之意便马上派他回成都，恢复他的官职。还有江阳太守彭羕因私下悖语而入狱，此后写信给诸葛亮说：自己由于“一朝狂悖”（《三国志·蜀书·彭羕传》，下同）失言，“负我慈父，罪有百死”，但仍是“尽心於主公之业”的，“贵使足下明仆本心”请求诸葛亮宽恕。因诸葛亮责自己严、责别人公平，所以被他责罚过的人都无怨无悔、诚心改过，而这又正是他“法加于人而无怨者”的原因之一。后来李严听到诸葛亮病逝的消息，悲叹自己从此失去了改过后重新被起用的机会，遂激愤而死。因游散被诸葛亮弹劾的长水校尉廖立听说亮病卒，垂泣难曰：“吾终为左衽矣！”（《三国志·蜀书·廖立传》）卒死徙所。

诸葛亮将历史的经验与现实的实践结合起来，形成自己的法制思想。这种思想不同于汉代的“外儒内法”，也不同于不教而诛、以律令为准的酷法，更不同于不限制帝王作为、只责于臣民的“独制天下而无所制”的“王法”。其特色是：用法无私，执法必严，“尽忠益时者虽仇必赏，犯法怠慢者虽亲必罚，善无微而不赏，恶无纤而不贬”；强调执法者是“人之所瞻”（《诸葛亮集·便宜十六策·教令第十三》，下同），务须做到“非法不言，非道不行”，“正己以教人”，以身作则，率先垂范；倡导“循名责实，虚伪不齿”，坚持以事实为依据、以法律为准绳；量刑要看认罪态度，“服罪输情者虽重必释，游辞巧饰者虽轻必戮”；既强调“明法”“法治”，又讲求“德治”“仁政”，主张“德主刑辅”，“科”与“教”相辅而行。

正因为诸葛亮极力推行依法治国的治政主张，坚决贯彻“科”、“教”并举的思想路线，方使得豪强专权、法无权威的蜀国实现了臣服民悦、政通人和的开明政治，在很长一段时间内保持了安定团结。诸葛亮依法治蜀政绩之佳，冠绝古代。与亮并时的蜀臣张裔赞曰：“赏不遗远，罚不阿近，爵不可以无功取，刑不可以贵势免，此贤愚之所以佥忘其身者也”（《三国志·蜀书·张裔传》）；《三国志》作者蜀汉遗臣陈寿评曰：“终于邦域之内，咸畏而爱之。刑政虽峻而无怨者，以其用心平而劝戒明也”（《三国志·蜀书·诸葛亮传》）；西晋史家袁准称曰：“亮法令明，赏罚信，士卒用命，赴险而不顾，此所以能斗也”（《诸葛亮集·附录·诸葛公论》）；东晋史家习凿齿云：“夫水至平而邪者取法，镜至明而丑者无怒，水镜之所以能穷物而无怨者，以其无私也。水镜无私，犹以免谤，况大人君子怀乐生之心，流矜恕之德，法行於不可不用，刑加乎自犯之罪，爵之而非私，诛之而不怒，天下有不服者乎！诸葛亮於是可谓能用刑矣，自秦、汉以来未之有也”（《汉晋春秋》）；唐代名相裴度评曰：“法加于人也，虽从死而无怨；德及于人也，虽奕叶而见思”（《诸葛亮集·附录·蜀丞相诸葛武侯祠堂碑铭》）；清代学者张澍评曰：“称心无轻重之倚，峻法泯秋毫之怨，此贤愚咸忘其身，仇敌亦仰其治”（《诸葛亮集·编辑诸葛忠武侯文集自序》）；而我国当代著名史学家范文澜先生也称诸葛亮是“标准的法家学说的实行者”（见《中国通史·第二卷》，下同），而“他所治理的蜀国，在三国中却是最有条理的一个”。法

（摘自：新法家网站）

法治名言

整理 / 方竹

1. 上者，民之表也。表正，则何物不正！——《孔子家语·王言解》

释文：领导者是民众的表率。表率行得正，那么什么事情能不正！

2. 无德不贵，无能不官，无功不赏，无罪不罚。—— 战国《荀子·王制》

释文：没有美德，不能使之富贵；没有才能，不能让他做官；没有功劳，不能给予奖赏；没有罪过，不能给予惩罚。

3. 刑过不避大臣，赏善不遗匹夫。——战国《韩非子·有度》

释文：高官不能避免刑罚，奖赏不能遗漏平民。

4. 法者，天下之度量，而人主之准绳也。具法者，法不法也；设赏者，赏当赏也。——西汉·刘安《淮南子·主术训》

释文：所谓法律，就是衡量一个国家是非的标准，也是国王治理国家的准绳。制定法律的目的，就是为了惩罚那些违法的人；设立奖赏规则，也是为了赏赐那些应该给予奖励的人。

5. 有功不赏，有罪不诛，虽唐虞犹不能以化天下。—— 西汉·宣帝《赐王成爵秩诏》

释文：有功劳不奖赏，有罪恶不惩治，就是唐尧、虞舜也不能教化天下，使天下安定。

6. 赏不劝谓之止善，罚不惩谓之纵恶。—— 东汉·荀悦《申鉴·政体》

释文：应该受到奖赏，却不给予奖励，这叫禁止好人做好事；应该受到刑罚，却不给予惩处，那叫放纵坏人行邪恶。

7. 治事不若治人，治人不若治法。——宋·苏轼《应制举上两制书》

释文：针对突发事进行处理不如加强对百姓的管理，对百姓加强管理不如完善法制。

8. 居之以强力，发之以果敢，而成之以无私。——宋·苏辙《新论中》

释文：国家平时要有实力，做一件事要果断勇敢，取得成功靠的是无私。

9. 杀人者死，然后人莫敢杀；伤人者刑，然后人莫敢伤。——宋·李觏《安民策》

释文：对杀人的处以死刑，以后就没人敢杀人了；对伤人的处以刑罚，以后就没人敢随便伤人了。

10. 无德而官，则官不足以劝有德；无功而赏，则赏不足以劝有功。——宋·李觏《强兵策》

释文：没有好德行而授予官职，那么这种官职不能够鼓励有好德行的人；没有功劳而给予赏赐，那么这种赏赐不能够鼓励有功劳的人。

11. 不以一己之利为利，而使天下受其利；不以一己之害为害，而使天下释其害。——明·黄宗羲《原君》

释文：不以个人得到利益为利益，而是使天下人都得到利益；不以个人受到伤害为伤害，而是使天下人解除祸害。

12. 贪爱沉溺即苦海，利欲炽然是火坑。——清·周希陶《重订增广》

释文：沉溺到贪占和爱欲中就是进了苦海，利欲太重了就等于跳进火坑。

13. 毋私小惠而伤大体，毋借公论而快私情。——清·周希陶《重订增广》

释文：不要私下给人小恩小惠而影响大局，不要借助公论而解决私情。

14. 一政之举，一令之施，合乎其德智力者存，违乎其德智力者废。——清《严复全集》

释文：一个政策的制定，一项法令的实施，符合民德、民智、民力的就能存在下去，违背民德、民智、民力的就会被废除。

15. 公则生明，廉则生威。——清·朱舜水《伯养说》

释文：公正就能明晓事理，廉洁就能产生威信。

英国的律师制度

13世纪初，在英国产生了“辩护律师”的职业团体，这就是专业律师的雏形。“辩护律师”又称“高级律师”，是指接受一方诉讼当事人的委托，运用法律知识和辩护技巧，在法庭上为当事人进行辩护的人。在英国国王爱德华一世在位期间，还出现了“代办人”，即初级律师的雏形。“代办人”，是以诉讼当事人“替身”的角色出现的，其主要任务是在法院出庭、提供和收领文书、接受各种令状、交纳诉讼费用以及办理有关执行事宜。在辩护律师垄断辩论权以前，“代办人”还有在王座法院进行辩论、代制法律文书和征收地租等任务。

产生于13世纪后半期的英国高级律师经过不断的发展之后，在14~15世纪时形成了具有庞大规模的职业团体。与此同时，由“君主法庭”分化而形成的国王法院也随之出现，并开始适用法官所创造的普通法的惯例。15世纪是一个“嗜好诉讼的时代”，那些被允许在普通法院里进行辩护活动，并被赋予在民诉法院里垄断活动权的高级律师很快地确立起强有力的地位。在14世纪末期，高级律师已经组成了同业公会，享有国王赋予的特权，形成了所有法院法官都必须从高级律师中任命的惯例。13世纪末期，在高级律师相继组成具有特权的法律家团体的同时，产生了与之相并行的、不具有高级律师特权地位的其他法律家团体，其中之一是被称为“生徒”的团体。生徒最初是在高级律师门下学习法律之人，后来逐渐发展成为可以从事律师活动的法律家团体。生徒团体的形成与英国的律师学院有密切的关系，是生徒们在律师学院里共同生活、共同受教育和接受监督时形成的。

15世纪时，英国创建了四所律师学院，即林肯律师学院、格雷律师学院、内殿律师学院和中殿律师学院。此外，还有一个资格比较低的具有同样功能的衡平法律师学院。在16~17世纪期间，律师学院对英国律师制度的建立起到了很重要的作用。在18世纪初期，完全丧失了教育职能的律师学院，逐渐演变为一种律师自治组织，其职责是授予专门律师资格、维护纲纪、对律师实行惩戒等。

英国国王爱德华一世时期产生的代办人职业，在13世纪以后也有了很大的发展。在16~17世纪期间，英国出现了包括初级律师团体在内的许多新的法律家团体。到17世纪，代办人和初级律师的地位逐渐接近起来，最后都被同等看待了。1729年英国制定的初级律师法规定代办人可以充当初级律师；1750年英国又颁布了法律，规定初级律师可以充当代办人。代办人和初级律师虽然起源不同，但两者的地位相同，在多数场合都是一人同时兼做代办人和初级律师的工作，两者大多又喜欢用“初级律师”的名称，而且在18世纪时，衡平法院的案件当事人大多都是有产阶段，在这个法院进行活动的“初级律师”比以普通法院为活动场所的“代办人”拥有更大的影响力。这样，“代办人”这个名称就逐渐不再使用。1873年《法院法》颁布后，就把两者统称为“初级律师”。

随着历史的发展，高级律师和初级律师逐渐在业务性质和范围、资格的授予和监督机关以及接受法学教育的基础上区别开来，各成一体，形成英国特色的二元制律师制度。

从现有法律规范来看，与法律形式相适应，英国没有系统的律师法典，有关律师的各项法律制度规定散见于宪法性文件如《人身保护法》、习惯法及其他单行法律中。此外，律师自治组织制定的《律师组织规章》，虽然不是法律，却起着规范律师行为的作用。

在英国，没有统称为“律师”的词汇。“LAWYER”一词，严格来讲是美语词汇而不是英语词汇。执行律师职务的人有两类，即大律师和小律师。

大律师，在英国被称为“BARRISTER”，中文名称除大律师外，还可译为“巴律师”、“高级律师”、“出庭律师”、“辩护律师”、“专门律师”等。大律师是指能在英国上级法院执行律师职务的律师。大律师一般是精通某门法律或某类案件的专家，他们不仅通过辩护为当事人提供法律服务，而且回答小律师们提出的疑难问题。此外，大律师经过大法官的提名，还可由英国授予“皇家大律师”的称号。大律师还有更多的机会被任命为高等法院法官和上诉法院法官。大律师办理的事务一般分为两部分：一是衡平法方面的事务，一是普通法方面的事务。

前者包括信托、转移迁户、遗嘱、公司法财产、税收等事务，后者包括契约法、侵权行为法、刑法、亲属法等方面的事务。近年来，英国大律师的专门化倾向越来越明确，出现了商事律师、专利律师、税务律师等新业务领域。

由于大律师具有较高的社会地位，所以取得大律师资格的条件很严格。第一，取得大律师资格，要受过一定的高等教育。包括已有大学或工艺学校的法律学位；获有英国大学或工艺学校其他学位；具有国外或爱尔兰某些大学法律学位，按规定可以免除学术训练两科目以上的；年满25岁以上，通过其专业考试，并且已有相当的学业、专业或商业能力的成熟学生。第二，必须参加一个大律师组织——四大法学院，作为该院的学生，完成学术与职业训练，参加法学院内一定的餐会次数。第三，必须提交品格良好的证明书。曾犯某种罪行及现被宣告为破产之人，现为代理人、商标代理人和小律师的人，不得参加训练、取得律师资格。第四，法学院学习期满后，在有经验的大律师指导下，实习一年，签署入会誓言。以上四个条件具备后，方可成为大律师。

英国的大律师组织有四个，即林肯法学院、内殿法学院、中殿法学院和格雷法学院。这四个法学院互不隶属，成员包括正在各院学习的学生及已从各院毕业的大律师。这些学院没有法人资格，基本上是自由的社会团体，它们自定章程和行业规则，决定大律师资格的授予和免除。学院由君主或皇族担任名誉院长，院长由资深的大律师互选产生。各院都设在伦敦，并在高等法院附近，院内有礼拜堂、图书馆、食堂兼礼堂的会馆、专门律师事务所等。学院的职责是训练和考核律师、监督大律师的活动、决定纪律处分。

小律师，在英国被称为“SOLICITOR”，中文除翻译为小律师外，还可翻译成沙律师、撰状律师、诉讼律师、初级律师、事务律师等。小律师是指直接受当事人委托，在下级法院及诉讼外执行律师职务、为当事人提供多种法律服务的人，是由中世纪普通法诉讼程序的代理人、衡平法诉讼程序中的申请人和教会法院中的代管（办）人演变而来的。

小律师的活动范围远较大律师广泛。他们可以担任政府、公司、银行、商店、公私团体的法律顾问，可以在下级法院，如治安法院、郡法院和验尸官法院执行代理和辩护职务，还可以处理非诉讼案件，为当事人起草法律文书和解答一般法律问题。

根据1974年颁布的《小律师法》规定，取得小律师资格必须具备以下条件：（1）为英国公民，性别、民族不限；（2）满21周岁；（3）必须经法律社议会按照《资格规则》吸收为法律社的学生，经过一年时间的学习，通过最后专业考试；（4）在律师事务所实习两年。具备以上四个条件，在向法律社交纳了印花费、常年执照费、准备赔偿当事人损失的费用后，即由法律社汇录于小律师名册，取得小律师资格。

法律社是小律师的领导管理机关。该社由上诉法院的档案长领导，它自设学校，负责小律师的培养、教育工作。此外，法律社还有授予小律师资格权、颁发小律师行业执照权，还可以对小律师进行奖惩、制定小律师酬金制度、掌握全国小律师名单，等等。小律师执行职务的机构是律师事务所。小律师事务所一般是数人共同开业的。在小律师事务所，除小律师外，还有由小律师共同雇用的办事员，负责事务性工作。

大律师和小律师是英国两种不同类型的律师，二者无隶属关系，他们有各自的活动范围和工作方式。因此，有人将大律师与小律师的关系比喻为专科医生与一般医生的关系。

上面提到，大律师一般是在高等法院执行代理和辩护职能，但大律师并不直接接受当事人的委托，而是接受小律师的委托。小律师与当事人直接打交道，与当事人签订合同，接受当事人的酬金，如果案件是在高等法院诉讼的，小律师接案后，首先进行必要的调查，研究案卷材料，然后将案卷事实要点及“争论点”作一个扼要的节略，交给大律师。大律师接受“节略”后，就负有处理该案的责任，是否提出证据，是否同对方和解条款的签署，大律师都有权进行。

英国律师的这种分类及相互关系，是其他国家所没有的。这种二元制的律师制度的优劣与否，曾在英国引起过争论。一般认为，社会上存在专门律师和普通律师是有好处的。因为它能满足不同当事人的需要，使专门诉讼和普通诉讼的当事人都能获得律师的帮助，但大律师不直接接触当事人则很难了解案件事实及当事人真实的意思表示，因此，不一定能充分保护当事人的利益。法

（摘自：中国法学会网）

习近平：由人民评判司法体制改革成效

中共中央政治局3月24日下午就深化司法体制改革、保证司法公正进行第二十一次集体学习。中共中央总书记习近平在主持学习时强调，深化司法体制改革，建设公正高效权威的社会主义司法制度，是推进国家治理体系和治理能力现代化的重要举措。公正司法事关人民切身利益，事关社会公平正义，事关全面推进依法治国。要坚持司法体制改革的正确政治方向，坚持以提高司法公信力为根本尺度，坚持符合国情和遵循司法规律相结合，坚持问题导向、勇于攻坚克难，坚定信心，凝聚共识，锐意进取，破解难题，坚定不移深化司法体制改革，不断促进社会公平正义。

冤假错案严重影响公平正义

习近平在主持学习时发表了讲话。他指出，我国司法制度是党领导人民在长期实践中建立和发展起来的，总体上与我国国情和我国社会主义制度是适应的。同时，由于多种因素影响，司法活动中也存在一些司法不公、冤假错案、司法腐败以及金钱案、权力案、人情案等问题。这些问题如果不抓紧解决，就会严重影响全面依法治国进程，严重影响社会公平正义。

习近平强调，党的领导是社会主义法治的根本保证，坚持党的领导是我国社会主义司法制度的根本特征和政治优势。深化司法体制改革，完善司法管理体制和司法权力运行机制，必须在党的统一领导下进行，坚持和完善我国社会主义司法制度。要把党总揽全局、协调各方，同审判机关和检察机关依法履行职能、开展工作统一起来。

司改必须为人民、造福人民

习近平指出，司法体制改革必须为了人民、依靠人民、造福人民。深化司法体制改革，要广泛听取人民群众意见，深入了解一线司法实际情况、了解人民群众到底在期待什么，把解决了多少问题、人民群众对问题解决的满意度作为评判改革成效的标准。

习近平强调，要紧紧牵住司法责任制这个牛鼻子，凡是进入法官、检察官员额的，要在司法一线办案，对案件质量终身负责。法官、检察官要有审案判案的权力，也要加强对他们的监督制约，把对司法权的法律监督、社会监督、舆论监督等落实到位，保证法官、检察官做到“以至公无私之心，行正大光明之事”，把司法权关进制度的笼子，让公平正义的阳光照进人民心田，让老百姓看到实实在在的改革成效。

不能照搬照抄国外司法制度

习近平指出，司法体制改革必须保持我们自己的特色和优势。我们要借鉴国外法治有益成果，但不能照搬照抄国外司法制度。完善司法制度、深化司法体制改革，要遵循司法活动的客观规律，体现权责统一、权力制约、公开公正、尊重程序的要求。要坚持从实际出发，结合不同地区、不同层级司法机关实际情况积极实践，推动制度创新。

习近平强调，党的十八届三中、四中全会提出的司法体制改革任务，都是看准了的事情，都是必须改的，要坚定不移落实到位。中央政法委和各牵头单位要规划好各项改革出台的时机、方式、节奏，不断推出一批群众认可的硬招实招。各地区各部门要抓好工作任务落实。对已经出台的改革举措，注意发现和解决苗头性、倾向性、潜在性问题。

（摘自：搜狐网）

习近平：营造公平有序经济发展法治环境

两会期间，中共中央总书记、国家主席、中央军委主席习近平在参加广西代表团审议时指出，要积极推进全面依法治国，营造公平有序的经济发展法治环境，把加快民族地区发展、维护少数民族群众合法权益纳入法治化轨道，依法管控边境秩序、维护边境地区安全稳定。各级党政机关和每一位领导干部、每一位工作人员都要增强法治观念、法律意识，坚持有法必依，善于运用法治方式开展工作，让人民群众在日常生产生活中都能感受到公平正义。对有法不依、执法不严、徇私枉法的要严肃问责、依法惩治。

（摘自：人民网）

最高法院第一巡回法庭深圳挂牌受理3省区案件

最高法院第一巡回法庭日前在深圳挂牌。首任9名巡回法庭法官、3名庭长和1名廉政监督员举行了向宪法宣誓仪式。第一巡回法庭将受理广东、广西和海南3省区的跨行政区域的重大行政与民商事案件。

据悉，最高法院设立的巡回法庭，相当于最高法院的派出机构，在审级上等同于最高法院。巡回法庭的法官也来自最高法院，由最高法院各业务庭选派，按一定的时间轮流派驻巡回法庭。巡回法庭的判决效力等同于最高法院的判决，均为终审判决。

设立巡回法庭是我国司法制度的一个重要创新。根据中央批准的试点方案，最高法第一和第二巡回法庭分别设于广东省深圳市和辽宁省沈阳市，两个巡回法庭将于今年年初开始受理、审理案件。深圳巡回法庭挂牌后，最高法第二巡回法庭亦将在沈阳正式挂牌。

（摘自：人民网）

中纪委驻新闻出版广电总局纪检组长：将深入调查影视业“潜规则”

中纪委委员、中纪委驻国家新闻出版广电总局纪检组组长李秋芳近日表示，中纪委2014年已开始对新闻出版、广播影视十大关键领域展开“探底调研”，了解腐败常规表现、惯用手法，特别是“潜规则”，今年将在此基础上深化党风廉政建设和反腐败斗争。

李秋芳在接受中央纪委监察部网站访谈时指出，新闻出版、广播影视领域“不是清水衙门”。影视剧购销、大型节目演出、设备采购、卫星节目落地、广告经营、新闻采编、海外台站等都是容易滋生腐败的领域。比如，有些单位的设备采购很多是单一来源，有些没有进行招投标，就可能会有一定的风险。“我觉得派驻机构不能满足于对驻在单位业务的一般性了解，应该深入地解决问题。”李秋芳说，去年驻国家新闻出版广电总局纪检组就对上述关键领域进行了“巡视监督”，给予特别关注。今年将在这个基础上深化、细抠。

此外，李秋芳还表示，今年将重点推动出台一些制度，解决“不能腐”的问题，出台新闻出版广播影视从业人员廉洁行为规定，发动社团制定从业人员自律公约，两者结合来营造一个风清气正的行业发展环境。

（摘自：中央纪委监察部网站）

最高法公布“2014年度人民法院公正司法十大印象”

日前，最高法公布“2014年度人民法院公正司法十大印象”的评选结果，其中“司法推动弘扬核心价值观”、“纠正冤假错案还无辜者清白”和“公开审判震慑贪官”分别位列前三名。

在本次活动评选的十大印象中，“司法推动弘扬核心价值观”排名第一，得票数为2313546票。“纠正冤假错案还无辜者清白”和“公开审判震慑贪官”位列第二和第三，分别获得2078745票和1468769票。

此外，投票位列前十的其他印象依次为：“曝光‘老赖’破解执行难”、“定期新闻发布揭‘神秘面纱’”、“跨区域法院促司法体制改革”、“网络空间的司法净化器”、“职业法官感动中国”、“依法严惩暴恐活动”以及“司法外交亮出大国司法形象”。

据了解，“2014年度人民法院公正司法十大印象”的评选由最高法联合人民日报社共同主办，从2月5日开始，到2月25日结束，历时20天。活动期间，共有超过260万人参与了投票，总投票数超过2200万票。法

（摘自：新华网）